양복 입은 뱀과
대화하는 법

DEALING WITH THE TOUGH STUFF
: How to Achieve Results from Crucial Conversations
(9781118232569/1118232569) by Darren Hill, Alison Hill and Sean Richardson

This Korean edition was published by Galmaenamu Publishing Co. in 2015
by arrangement with John Wiley & Sons Limited
through KCC(Korean Copyright Center Inc.), Seoul.

불편한 대화를 부드럽게 풀어내기 위한 심리 훈련 가이드

양복 입은 뱀과 대화하는 법

대런 힐, 앨리슨 힐, 션 리처드슨 지음 | 이상원 옮김

갈매나무

Contents

여는 글 누구나 폭발할 수 있다 … 7
프롤로그 문제는 까다로운 사람이 아니라 까다로운 상황이다 … 10

1부 도무지 풀리지 않는 대화

01 미숙한 모습을 보이는 것은 누구나 두렵다 … 20
02 까다로운 대화를 풀어가기 위한 기본기 … 28
03 타인의 행동을 바꾸고 싶다면 … 36
04 긍정적 강화는 힘이 세다 … 42
05 불규칙적인 칭찬의 놀라운 효과 … 46
06 상대의 실수를 생산적으로 다루는 법 … 51
07 행동을 강조해야 대화가 명료해진다 … 56
08 기회만 있다면 사람들은 옳은 일을 선택한다 … 63
09 남들이 알아서 내 마음을 읽어주리라 기대하지 마라 … 66
10 대화가 인신공격으로 이어지는 경우 … 70
11 당신의 말이 영향력을 발휘하기 위한 조건 … 73
12 불편한 대화를 하기에 앞서 체크해야 할 것 … 83
13 그는 왜 그렇게 과한 반응을 보인 걸까? … 87

2부 감정 게임

14 상대의 감정을 빼앗으려 들지 마라 … 96
15 감정 두뇌를 알아야 한다 … 102
16 직장에서 가장 회피하려 하는 두 가지 감정 … 105
17 저항하는 상대와 대화하는 법 … 113
18 방어 행동의 중심에는 두려움이 있다 … 121
19 완고한 행동 앞에서 기억해야 할 것 … 124
20 공감은 그저 굴복하는 것일까? … 127
21 한없이 예의를 차리거나 막무가내로 밀어붙이거나 … 134
22 양복 입은 뱀과 맞서는 순간 … 142
23 악의는 없지만 남을 괴롭히고 상처를 주는 사람의 경우 … 148
24 인기에 너무 목매지 마라 … 152
25 '상처 입은 생존자'의 불안감에 대하여 … 155
26 뒤에서 딴소리하는 사람을 다루는 법 … 159

3부 가장 하기 어려운 이야기

27 거대한 감정적 동요를 가져오는 사건 … 168
28 가장 어려운 이야기를 하기 전에 … 172
29 관계의 종결을 알리는 대화를 할 때 … 179
30 상대의 감정은 상대가 느끼게 하라 … 183
31 단계마다 다른 전략이 필요하다 … 187
32 위기가 닥쳤을 때 해야 할 말 … 195
33 위기 이후 처리해야 할 두 가지 … 202
34 미래의 위기에 어떻게 대비하는가 … 206
35 "잘 모르겠으니 밀어붙이지 않겠어." … 213
36 압박을 더하는 전략과 압박을 줄이는 전략 … 220
37 인생을 바꾸는 변화는 몇 초의 용기로 찾아온다 … 224

에필로그 새로운 접근, 새로운 결과 … 231

| 여는 글 |

누구나 폭발할 수 있다

모든 일은 프린터에서 시작되었다.

수는 공동 프린터에 인쇄 명령을 보낸 후 즉각 찾으러 가지 않고 몇 시간씩 내버려두곤 했다. 특별한 의도는 없었다. 그저 다른 일들로 바빴기 때문이다. 사실 우리도 다들 그러지 않는가.

동료인 존은 프린터가 뱉어낸 수북한 인쇄물 틈에서 자기 자료를 분류해내야 하는 상황이 마음에 들지 않았다. 이 역시 누구나 그럴 것이다. 그래서 하루는 더 이상 참지 못하겠다는 생각으로 프린터에 안내문을 써 붙였다. '인쇄한 자료를 즉시 찾아가세요. 남들이 분류하도록 만드는 것은 무례한 일입니다.'

다음에 일어났을 일은 뻔하다. 늘 그렇듯 뒤늦게 인쇄물을 찾으러 간 수는 그 안내문이 자신에 대한 직접적 공격이라 생각하고 모욕감을 느꼈다. 하지만 공개적으로 대응하지는 않았고 대신 이후 존이 하는 말이나 행동 모두에 반감을 느끼게 되었다. 부서 회의에서 존에게 반대되는 의견을 낸다든지 존과 함께 프로젝트를 진행하는 일을 피한다든지 하는 일이 반복되었다.

존 역시 점차 수를 멀리하게 되었다. 사사건건 자기를 방해하는 수에게 대응해 존도 걸핏하면 수의 업무상 실수나 단점을 뒤에서 떠들어댔다. 존과 수의 관계는 곧 적대적으로 변했다. 전선이 형성된 것이다.

그렇게 4년이나 흘렀다. 존과 수의 부서에서는 되는 일이 없었다. 해묵은 갈등으로 부서원들이 갈라져 싸웠고 능력 있는 직원들은 부서를 떠났으며 사기나 생산성 모두 바닥이었다. 몇몇 부서원들은 정신적 고통을 호소했고 회사 입장에서는 제 기능을 못하는 부서로 인해 치러야 하는 비용이 눈덩이처럼 불어났다.

어떻게 상황이 이렇게까지 나빠진 것일까? 아니, 누가 이 상황에 책임을 져야 하는 걸까? 프린터에 자기 인쇄물을 그냥 놓아둔 사람, 혹은 그 사람을 겨냥해 안내문을 붙인 다른 사람을 비난하고 싶은가? 모든 혼란의 책임은 애초에 결정적인 의사소통을 해내지 못한 자에게 있다.

누구든 폭발할 수 있다. 사람 사이의 긴장 관계는 언제든 있게 마련이다. 여러 명이 한 공간에 존재하는 상황에서는 사람들끼리 부딪치는 것이 일상적인 일이다. 가치관이나 신념, 기대와 행동, 선호하는 식사 메뉴 등 모든 측면에서 각자의 의견이 있고 서로 다르다. 갈등과 불일치는 늘 잠재되어 있다. 수와 존의 사례가 좀 극단적으로 보일지는 모른다. 하지만 이와 비슷한 일은 당신도 얼마든지 보고 듣고 겪었을 것이다.

우리 사회와 직장은 직접적인 의사소통을 회피하는 데 익숙해져 있다. 관료주의라는 겹겹의 층들 사이로 장기적인 갈등이 감춰지고 대화를 통한 문제 해결은 요원해진다. 이로 인한 비용은 엄청나다. 위기의 순간에 누군가가 제대로 개입한다면 얼마든지 줄이고 심지어 없애버릴 수 있는 비용인데도 말이다.

이 책을 집어든 당신은 훌륭한 의사결정을 내렸다. 당신이 하게 될 행동에 대해서는 어떤 상황이든 우리가 당신 편이 되어줄 것이다.

대런, 앨리슨, 션

| 프롤로그 |

문제는 까다로운 사람이 아니라 까다로운 상황이다

'까다로운 사람 다루는 법'이라는 제목이 붙은, 혹은 이런 주제를 다루는 책이나 교육 프로그램은 우리 주변에 이미 넘쳐난다. 혹시나 그런 책을 기대하고 있다면 여기서 분명히 밝혀두겠다. 이 책은 까다로운 사람을 다루는 방법에 대해 알려주지는 않는다.

사실 저자인 우리는 까다로운 사람 운운하는 제목을 보면 내용을 살펴보기도 전에 화가 나곤 한다. 누군가를 '까다로운 사람'으로 분류해버리는 접근은 실패할 수밖에 없기 때문이다. 상대를 까다롭다고 보는 순간, 우리는 어느새 그 행동을 받아들이고 있다. 사람을 분류하려는 마음가짐은 상황을 바라보는 강력한 심리 프레임이 되고 결국 누군가를 까다로운 사람으로 만들고야 만다. 이른바 자기실현적인 예언인 셈이다.

우리는 전혀 다른 접근을 선택했다. 까다로운 사람은 없고 까다로운 행동이 있을 뿐이라고 생각하는 것이다. 그리고 행동이라면 제아무리 까다롭다 해도 충분히 바꿀 수 있다.

'남을 바꿀 수는 없다. 사람은 스스로 변화할 뿐이다'라는 유명한 말이 있다. 하지만 이는 사실과 다르다. 우리는 매일매일 서로의 행동에 영향을 미치며 살아가기 때문이다. 거리를 산책하면서 미소를 짓거나 다정한 모습을 보여주는 것만으로 마주치는 행인들의 행동이 얼마나 바뀌는지 모른다.

보다 자신 있게 까다로운 상황을 다루려면 당신 자신의 행동부터 바꾸어야 한다. 당신 자신이 역할 모델이 되는 것, 이것이 상대에게서 원하는 행동을 끌어내기 위한 첫 번째 단계이다.

물론 상대의 행동을 조정하기 위한 방법들도 앞으로 소개될 것이다. 이쯤 되면 '조종manipulation'이라는 말이 떠오를지도 모르겠다. 그 말은 어느 정도 들어맞는다.

먼저 우리가 조종이라는 말을 어떤 의미로 사용하는지 분명히 해두자. 조종이란 '손으로 주물러 모양을 만든다'라는 뜻이다. 분명 당신도 이미 일상 속에서 남들을 조종하고 있으리라. 직장에 들어가 미소를 짓고 반갑게 인사를 건네는 것, 책상에 앉는 태도, 휴게실에서 사람들과 마주칠 때의 행동 등이 모두 조종이다. 이 책을 서점에서 구매했다면 점원에게, 온라인으로 주문했다면 온라인 처리 담당자에게 영향을 미쳤을 것이다.

조종의 1단계는 미소 짓기이다. 우리는 손으로, 마음으로, 말로, 몸짓으로 남의 행동을 만든다. 이런 것이 바로 조종이다. 사회적으로는 부정적 뉘앙스가 더 큰 말로 받아들여지지만 말이다. 부정적 조종과 긍정적 조종의 유일한 차이는 의도에 있다. 좋은 의도에서 나온 긍정적 조종의 힘은 대단하다. 나와 상대 모두에게 좋은 결과를 의도하는 것이라면 그 조종은 긍정적이다. 반면 나만 이기고 상대는 패배하게 만들려는 의도의 조종이라면 안타깝고 씁쓸한 일이다.

당신의 의도가 좋다는 것을 확인하고 또한 모든 사람이 선하다는 기본 원칙을 유지한다면 부정적 뉘앙스의 조종이 될지 모른다는 걱정을 접어두어도 좋다. 당신에게도 남들에게 영향을 미치고 변화시키는 힘, 즉 조종의 능력이 필요하다. 조종의 부정적 뉘앙스 때문에 책임을 회피하지 말라.

"달리 접근해야 했어."

까다로운 상황에서 우리는 감정적, 신체적으로 중압감을 느낀다. 밤잠을 이루지 못하고 머릿속이 복잡해지며 격한 감정에 휩싸인다(위통, 두통이나 뒷목 통증이 나타날 수도 있다). 주변 사람들과의 인간관계도 영향을 받는다. 퇴근 후 가정생활이나 개인 활동에서도 영향을 피할 수 없다. 그냥 내버려두거나 제대로 대처하지 못하는 경우 그 영향력은 끈질기게 이어질 것이다.

우리는 독자들이 이 책에 담긴 내용에 대한 기대 수준을 높여줬으면 좋겠다. 까다로운 대화를 잘 처리할 수 있다는 확신은 당신의 삶을 놀랍게 개선시켜줄 것이기 때문이다. 과감한 발언으로 들리는가? 우리는 이런 결과가 실현되리라 믿는다.

이 책을 집어들고 읽기 시작했을 때 어떤 기대를 갖고 있었든 이제 그 기대의 수준을 한 단계 높여라. 당신이 읽는 내용이 까다로운 대화를 풀어가는 당신의 능력을 근본적으로 변화시켜줄 것이라고 생각하라. 이렇게 하지 않는다면 잘못된 필터 때문에 자칫 인생을 바꿀 기회를 놓쳐버릴지도 모른다.

이렇게 한번 생각해보자. 이 책을 집어들기 전에 까다로운 대화를 풀어가는 당신의 방법은 다음 그림이 보여주는 방향으로 진행되고 있었다.

당신의 현재 방향

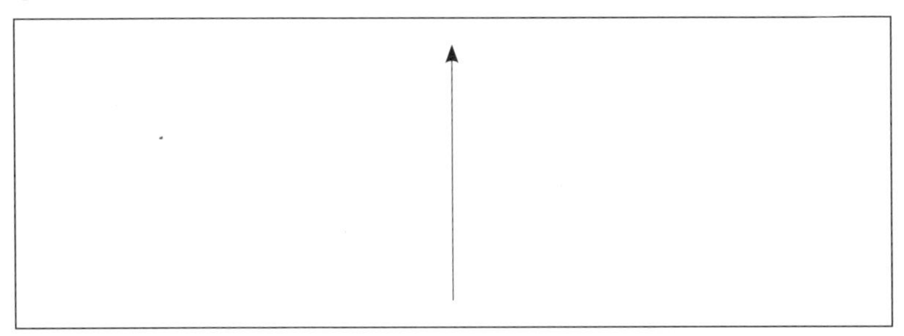

그런데 이 책을 읽으면서 무언가 배운 후에 오늘 살짝 변화를 시도했다고 하자. 기존의 방법을 약간만 변화시키는 것이므로 오늘 당장 보기에는 거의 차이가 없을 수도 있다.

행동을 살짝 변화시킨 방향

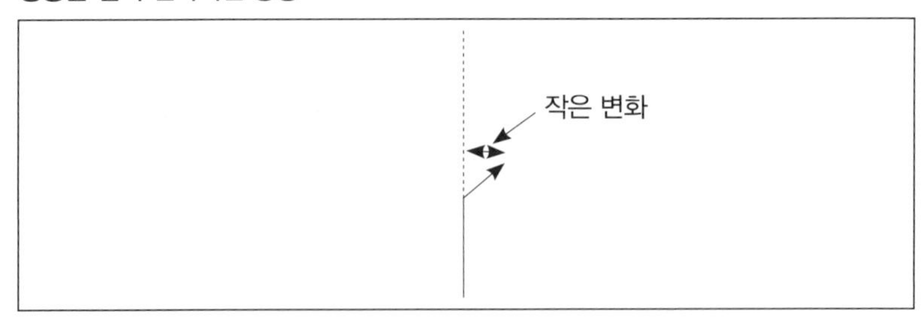

그 약간의 변화가 효과적이라는 것을 알고(우리는 이렇게 될 것이라고 100% 확신한다!) 계속 그 행동을 지속한다면 다음 그림처럼 된다.

작은 변화가 낳는 큰 차이

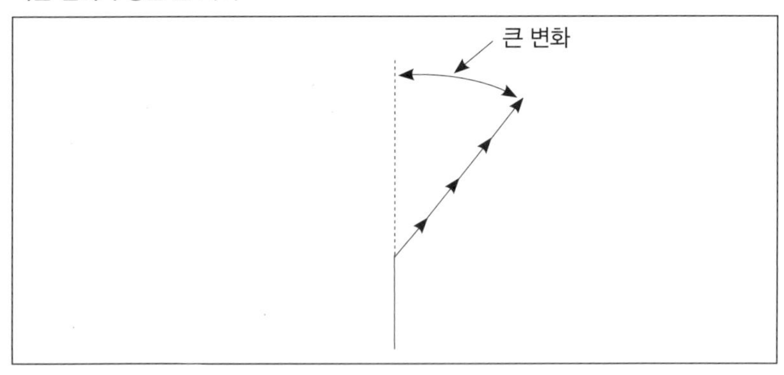

이렇게 몇 달, 몇 년이 흘러가다 보면 작은 변화가 엄청난 차이를 만들어내게 된다. 까다로운 상황에서 대화를 시도하다가 물러앉아 '달리 접근해야 했어'라고 생각하면서 압박감을 느끼던 경험을 떠올려보라. '이것만 바꾸었다면 결과가 달라지지 않았을까?'라고 괴로워하던 순간 말이다. 이 책 안의 무언가가 상황을 바꿔줄 수 있다고 상상해보

라. 그야말로 인생 대전환이 아니겠는가?

이 책의 전략들이 당신에게 크나큰 의미를 전해줄 것이라고 기대하라. 어차피 잃을 것은 아무것도 없다. '최대의 위험은 목표를 너무 높이 잡아 실패하는 것이 아니라 너무 낮게 잡아 도달하는 것'이라는 미켈란젤로의 말도 있지 않은가.

변화를 이루기 위해 필요한 것들

우리는 현실적인 사람들이다. 그래서 당신도 이 책을 실용적으로 사용했으면 한다. 이 책은 향후 지속적 학습이 가능하게끔 만들어졌다.

변화를 이루려면 이 책에 소개된 전략들을 당신의 일상 활동에 도입해야 한다. 직장에 적용하도록 맞춰진 전략들이니 어려울 것은 없다. 이 책의 가치를 충분히 살리고 독자들의 행동을 바꿔나가기 위해 우리는 한 가지 부탁을 하고자 한다.

읽어나가면서 마음에 와 닿는 구절, 금방 적용할 수 있을 듯한 전략, 참신한 개념이 있다면 간단히 메모하라. 그리고 종이든 전자 기기든 상관없으니 일정표에 매주 월요일마다 그 메모를 한 개씩 집어넣어라. 이 책에서 총 25개의 메모를 했다면 앞으로 6개월 동안 매주 월요일마다 기억을 환기하고 행동에 반영할 재료가 생기는 것이다.

저자인 우리 세 사람이 직장에서의 다양한 문제 상황을 관찰하고 갈등 해결의 성공 및 실패 사례를 분석해온 세월을 다 합치면 50년에

육박한다. 이를 바탕으로 이 책에 제시한 전략과 접근법이 당신에게 원하는 결과를 가져다줄 것이라 우리는 확신한다. 100% 약속할 수 있다. 모든 전략은 세세한 부분까지 빠짐없이 현실에 적용하고 검증해 본 것들이다. 이 전략을 도입한 경우 까다로운 대화를 다루는 능력은 예외 없이 대폭 개선되었다.

100% 효과 보장을 위해 한 가지 전제 조건이 있다. 바로 모든 사람이 선하다고 믿어야 한다는 것이다. 이는 성공을 거두기 위한 기본 원칙이다. 물론 신문이나 방송에서 매일 접하는 끔찍한 사건사고를 보다 보면, 그리고 도저히 이해할 수 없는 식으로 행동하는 사람들을 만나다 보면 모든 사람이 선하다는 믿음이 흔들리기 쉽다. 하지만 이 믿음이 흔들리는 것은 선한 면이 우리 눈에 띄지 않기 때문이다. 우리는 모든 사람이 선하다고 확신한다. 태양이 동쪽에서 떠서 서쪽으로 진다는 것을 믿듯이 말이다. 이 원칙을 잊어버리는 그 순간, 긍정적인 결과를 만들 가능성도 사라진다. 긍정적 존중이 문제 해결의 토대임을 꼭 기억해야 한다. 확신을 가지고 까다로운 대화를 시작해 상황을 풀어가려면 모두가 선하다는 믿음부터 가져야 한다. 이 점을 꼭 기억하자.

저자인 우리는 각각 행동과학자, 심리학자, 그리고 컨설턴트로서 각자의 시각을 제시할 것이다. 우리는 직장에서 까다로운 대화를 다뤄본 경험과 이해가 풍부하다. 중요 연구와 사례 분석 등 다양한 정보와 함께 우리는 세 명의 서로 다른 시각도 제시하고자 한다. 매 장의 마지막 부분에서 각 저자의 생각을 확인할 수 있다.

대런은 행동주의 경제학을 공부한 행동과학자의 관점으로 각 장의 내용을 비즈니스 환경에 연결시킬 것이다. 대런은 비즈니스 게임을 좋아하는 사람이다. 그런가 하면 심리학자인 앨리슨은 변화를 이루는 과정에서 방해되는 요소를 살피고 가치와 동기를 부여함으로써 장벽을 극복하는 측면에 초점을 맞춘다. 한편 엘리트 스포츠 선수 출신으로 지금은 스포츠 단체 및 기업의 자문을 맡고 있는 션은 높은 수준의 성과 달성으로 성공을 이끌어내는 방법에 대해 말할 것이다.

여기에 당신 자신의 생각까지 더해지면 새로운 상호작용이 일어날 것이다. 저자들의 생각을 통해 당신 역시 나름의 관점을 갖게 되리라 확신한다.

직장의 까다로운 대화에 정면 대응하려면 용기가 필요하다. 낙하산을 메고 비행기에서 뛰어내릴 때나 아이를 구하기 위해 불타는 집으로 뛰어들 때와는 다른 종류의 용기일지 모른다. 하지만 우리 일상에서도 용기는 필요한 법이다. 상황을 회피하지 않고 "이젠 더 이상 두고 볼 수 없어"라고 말하기 위한 용기, 과감히 상황 속에 걸어들어가 책임을 지기 위한 용기 말이다.

이 책을 선택하고 까다로운 상황을 바꾸려 결심함으로써, 그리고 모든 사람이 선하다는 믿음을 확고히 함으로써 당신은 이미 용기 있는 첫 걸음을 내디딘 것이다!

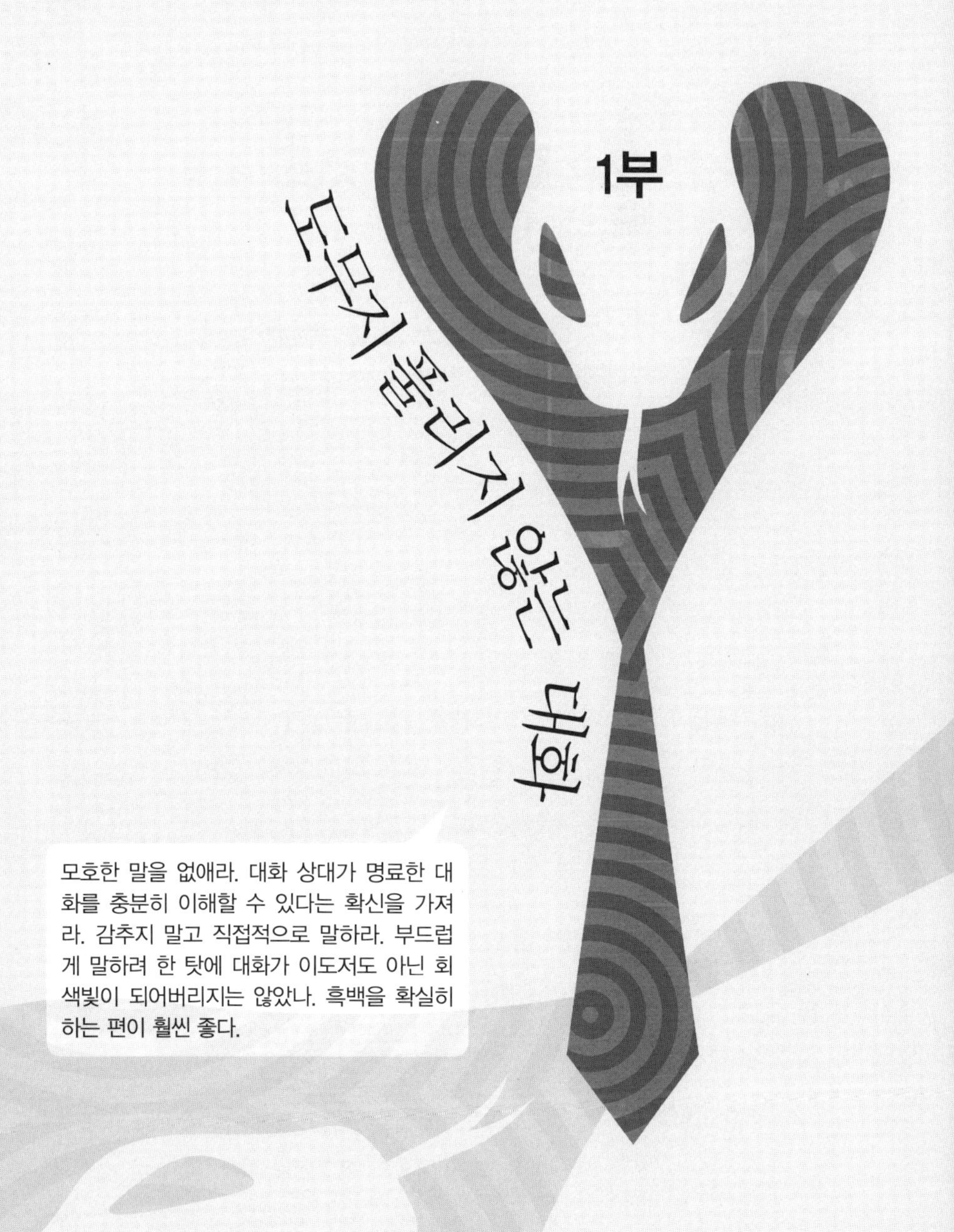

1부 도무지 풀리지 않는 대화

모호한 말을 없애라. 대화 상대가 명료한 대화를 충분히 이해할 수 있다는 확신을 가져라. 감추지 말고 직접적으로 말하라. 부드럽게 말하려 한 탓에 대화가 이도저도 아닌 회색빛이 되어버리지는 않았나. 흑백을 확실히 하는 편이 훨씬 좋다.

01

미숙한 모습을 보이는 것은 누구나 두렵다

'여럿이 하는 일에 참여할 것인가?'가 아니라 '여럿이 하는 일에 제대로 참여하고 있는가?'라는 질문을 던져라.

– 리더십 전문가 존 맥스웰John Maxwell

리더십은 때로 외로움을 안겨준다. 사람들을 이끌어 그들 자신과 전체 조직 모두에 좋은 결과를 내도록 만드는 리더십 경험은 참으로 짜릿한 것이지만 어떤 리더에게든 의견을 일치시키지 못하는 순간이 찾아온다. 갈등은 피할 수 없다. 바로 그럴 때 리더십의 외로움이 사무친다. 까다로운 대화를 잘 풀어나가며 책임을 진다는 일은 분명 까다로운 일이다.

당신에게 까다로운 대화는 과연 무엇인가? 직장에서 마주치고 있는 그 상황, 더 잘 풀어가고 싶은 그 대화가 과연 무엇인지 시간을 갖고 찬찬히 생각해보라.

우리 각자는 서로 다른 재주, 능력, 경험을 지닌 존재이고 나름의 재주, 능력, 경험으로 까다로운 대화에 임한다. 한 사람에게 까다로운 상황이 다른 사람에게는 아닐 수도 있다. 당신에게 특히 까다로운 상황이 무엇인지 곰곰이 생각해보면 당신의 어떤 행동을 바꿔야 할지 드러난다. 알지 못하는 것을 바꾸기란 불가능하지 않은가.

일곱 가지 질문

다음 문항에 대해 정도를 표시하며 답변해보라. 당신의 핵심 대화 능력 향상을 위해 우선 관심을 기울여야 할 부분이 무엇인지 보여줄 것이다.

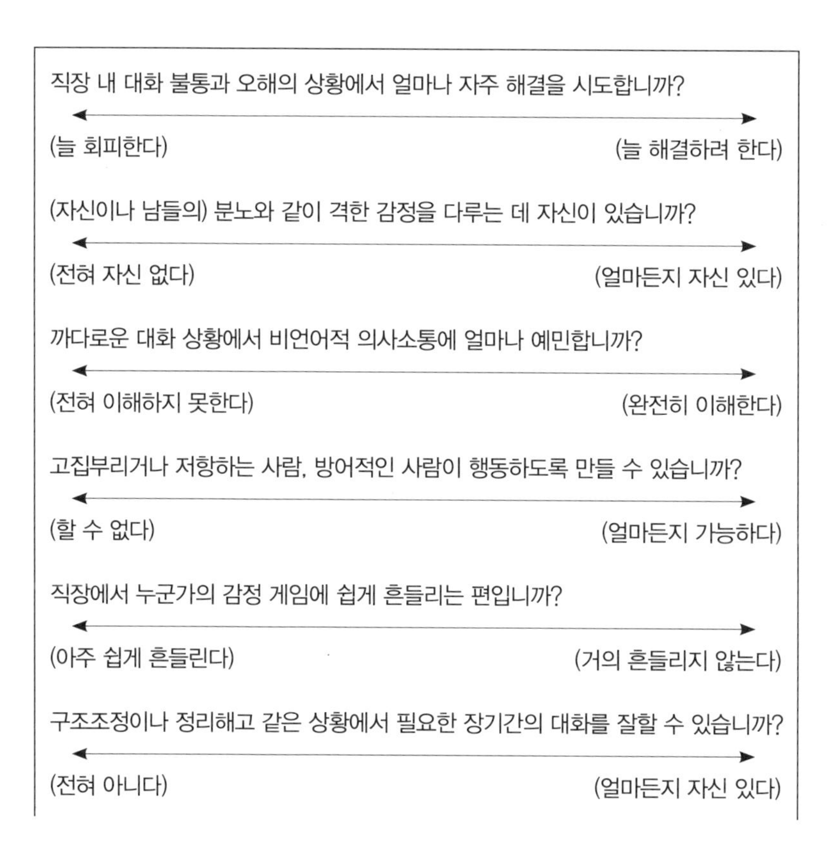

직장 내 대화 불통과 오해의 상황에서 얼마나 자주 해결을 시도합니까?

(늘 회피한다) ←→ (늘 해결하려 한다)

(자신이나 남들의) 분노와 같이 격한 감정을 다루는 데 자신이 있습니까?

(전혀 자신 없다) ←→ (얼마든지 자신 있다)

까다로운 대화 상황에서 비언어적 의사소통에 얼마나 예민합니까?

(전혀 이해하지 못한다) ←→ (완전히 이해한다)

고집부리거나 저항하는 사람, 방어적인 사람이 행동하도록 만들 수 있습니까?

(할 수 없다) ←→ (얼마든지 가능하다)

직장에서 누군가의 감정 게임에 쉽게 흔들리는 편입니까?

(아주 쉽게 흔들린다) ←→ (거의 흔들리지 않는다)

구조조정이나 정리해고 같은 상황에서 필요한 장기간의 대화를 잘할 수 있습니까?

(전혀 아니다) ←→ (얼마든지 자신 있다)

숙고할 시간 없이 바로 결정을 내려야 하는 위기 상황에 얼마나 잘 대처합니까?

(잘 대처하지 못한다) ←→ (아주 잘 대처한다)

이 일곱 가지 질문에 대한 답을 살펴보면 당신이 잘 대처하는 상황이 무엇인지, 보다 관심을 기울여야 하는 상황은 무엇인지 드러나게 된다. 그리고 어쩌면 후자의 상황을 외면하고 싶어질지 모른다. 과거에 늘 회피해왔듯이 말이다. 과거의 습관에 빠져들지 말라. 지금 변화할 용기를 가져라.

취약성은 성장의 관문이다

까다로운 상황을 처리하는 과정을 거치다 보면 취약한 상태에 놓인다. 그러나 그 상태야말로 성공으로 가는 길을 열어주는 것이니 실망하기보다는 오히려 반겨야 한다. 취약성은 불확실성과 당면해 위기를 받아들이고 행동을 변화시키며 '제대로' 해내기 위한 준비 태세이다. 동료들 앞에서 일을 망치고 실수를 저질러도 괜찮다고 받아들이는 태도, 결과를 확신할 수 없어도 부서와 조직, 고객을 위해 옳다고 믿는 것을 시도하는 용기이다.

하버드경영대학원의 교수 토머스 드롱은 개인적 차원에서나 조직 차원에서나 취약성이 행동 변화의 강력한 동인이 된다고 설명했다. 그가 도입한 사분면 구조는 네 가지 선택항을 보여준다. 다음은 우리 자신의 행동 변화를 위해 이를 약간 변형시켜 만든 취약성 사분면이다.

취약성 사분면

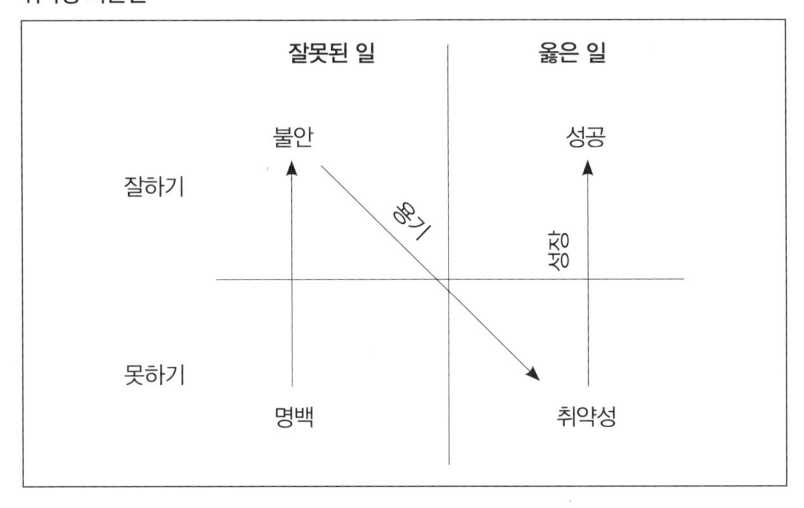

취약성 사분면은 잘못된 일을 잘하거나 못하는 왼쪽 두 칸, 옳은 일을 잘하거나 못하는 오른쪽 두 칸으로 이루어진다.

왼쪽 아래에는 '명백'이라는 이름이 붙어 있다. 잘못된 일을 엉망으로 하고 있다면 변화의 필요성은 그야말로 명백하게 인식되기 때문이다. 왼쪽 위(잘못된 일을 잘해내는 것)의 상황은 대개 아주 오랫동안 쭉 지속되곤 한다. 지그문트 프로이트의 주장과 달리 사람들은 불안 상태를 몇 년이든 버텨낼 수 있기 때문이다. 하지만 불안은 정신적 · 육체적 건강에, 그리고 인간관계에 심각한 영향을 미치게 된다.

대부분의 사분면 구조에서 그렇듯 사람들은 오른쪽 위를 지향한다.

옳은 일을 잘해내는 것이야말로 커다란 성취와 연결되니 말이다. 능력을 키워 필요할 때 발휘하는 것은 모두의 목표이다. 어떻게 오른쪽 위로 갈 수 있을까? 드롱은 "오른쪽 위로 가는 유일한 방법은 오른쪽 아래를 거치는 것이다. 옳은 일을 잘해내려면 옳은 일을 잘 못하는 단계가 꼭 필요하다. 다른 방법은 없다"라고 설명했다.

우리는 드롱의 말에 전적으로 동의하지는 않는다. 실패를 거치지 않고서도 성장하는 드문 종류의 사람들이 분명 존재하니 말이다. 하지만 이런 사람들은 소수이고 우리 대부분은 최소 몇 번씩은 옳은 일을 잘 못하는 경험을 하고 대가를 치른 뒤 오른쪽 위에 도달한다.

물론 취약성을 받아들이기는 힘들다. 일을 제대로 못 해내는 상태는 위험하다. 결국 늘 해오던 일을 계속하면서 취약함에 빠지지 않는 것이 가장 안전한 길이 된다. 문제는 늘 하던 일을 하면 늘 얻던 결과가 나올 뿐이라는 데 있다. 늘 하던 일과 방식을 바꿔 새로운 일, 새로운 방향, 새로운 전략, 새로운 자세와 태도를 시도하기는 부담스럽다. 심지어는 평소와 다른 장소에서 부서 회의를 하는 것조차 꺼려질 정도이다. 변화를 시도하면 어색함과 불편함, 취약성을 참아내야 한다. 하지만 잘못된 일을 잘해내는 상태에서 빠져나와 옳은 일을 처음에는 미숙하게, 이어 나중에는 훌륭하게 해내려면 이 선택이 꼭 필요하다.

안타깝게도 우리 사회의 많은 사람들이 바보같이 머뭇거리는 모습, 미숙한 모습을 보이는 것이 두려운 탓에 새로운 시도를 하지 못한다. 방어적인 자세를 취하게 되면서 퇴보하는 것이다. 그 결과 이미 아는 것에만 매달릴 뿐 위험을 받아들이고 혁신적으로 성장하지는 못한다. 우리 경험으로 볼 때 성취와 결과(특히 단기적 결과)에 초점을 맞추는 사람들 중 옳은 일을 잘 못해내는 상태를 감당하겠다는 경우는 거의 없었다.

우선 변화에 대한 자신의 불안이 어느 정도 수준인지 알아야 한다. 그리고 취약성을 회피하지 말고 받아들이는 사고가 필요하다. 위험부담을 감수하겠다는 용기를 내지 못하면 오른쪽 아래 사분면으로 이동할 수 없다. 오른쪽 위로 옮겨가 성공과 성장을 이룰 가능성이 차단되는 것이다. 옳은 일을 정말로 잘해낼 가능성 말이다.

잘못된 일을 잘하는 차원에서 벗어나 옳은 일을 미숙하게 하는 단계로 이동하려면 커다란 용기가 필요하다. 당신의 결단을 위해 격려의 박수를 보낸다.

Note

- 당신이 까다롭다고 여기는 대화가 구체적으로 어떤 것인지 분명히 하라. 그래야 어디에 집중해야 할지 알게 된다.
- 까다롭지만 중요한 대화는 피할 수 없다. 풀어가야만 하는 일이다. 까다로운 대화 능력을 갖추고 자신감을 얻고 나면 앞으로 승승장구하게 될 것이다.
- 취약성은 결과를 알지 못한 채 위험부담을 안는 상태이다. 실수를 저질러도 좋다는 뜻이다. 까다로운 대화를 풀어나갈 능력을 키우는 동안 우리는 취약성을 받아들여야 한다.
- 잘못된 일을 잘하는 상태에서 벗어나 옳은 일을 잘 못하는 상태로 옮겨가려면 용기가 필요하다. 그 용기의 보상은 성공과 성장이다.
- 완벽한 사람은 없다. 우리는 모두 실수한다는 점을 기억하라.
- 미루지 말고 완벽을 지향하라. 충분히 완벽하다면 그 상태를 기쁘게 받아들여라.

advice 불편한 상황을 바라보는 심리학&행동과학적 관점

까다로운 대화를 풀어가려면 우선 당신에게 까다로운 대화가 무엇인지부터 분명히 해야 한다. 당신이 자주 회피하는 대화가 무엇인지, 더 잘하고자 원하는 일이 무엇인지 알아야 변화시켜야 할 대상이 드러난다. 까다롭게 여겨지는 대화가 무엇인지 드러났다면 다음으로는 취약성을 받아들이는 것이 중요하다. 용기를 내 행동 변화의 길에 들어서라. 그리하여 성장과 성공을 이루어라.

행동과학자의 시각

내게 까다로운 상대는 무관심이다. 분노, 눈물, 기타 격앙된 감정은 차라리 다루기 쉽다. 하지만 내 일이 아니니 상관하지 않겠다는 태도, 아무 행동도 하지 않겠다는 태도는 정말이지 나를 힘들게 한다.
무관심을 그저 회피해버린다면 편할 것이다. 열정적인 사람들로 주변을 채우기도 어렵지 않은 일이다. 그렇지만 무관심한 상대를 다루는 능력은 경험이 쌓이면 쌓일수록 더 능숙해진다. 동료들은 내가 이제 무관심을 꽤 잘 처리하게 되었다고들 한다. 까다로운 대화를 아예 없애버릴 수는 없지만 경험과 능력을 키워 더 성공적인 결과를 내는 것은 가능하다.

심리학자의 시각

내게 까다로운 대화는 '예/아니오'의 대답이 분명하지 않은 종류이다. 내가 자꾸만 회피하는 대화가 어떤 것인지 알게 되면서 나는 정면으로 돌파하려는 용기를 갖게 되었다. 소크라테스도 '자신을 알라'고 했듯 스스로를 더 많이 알수록 성장과 변화의 기회가 커진다는 것이 내가 지금껏 전문가로서 일하고 살아오면서 얻은 결론이다. 자신에게 까다로운 대화가 무엇인지 구체적으로 명확히 아는 것이 용기 있게 부딪치기 위한 시작점이다.

컨설턴트의 시각

"난 못해요"라는 말을 들을 때 나는 울컥 짜증이 난다. "하기 싫어요"는 차라리 낫다. 나는 인간의 크나큰 잠재력을 믿는다. 인간에게는 눈에 보이는 것보다 훨씬 더 큰 능력이 숨어 있으므로 언제든 더 잘해낼 수 있다고 믿는다. "난 못해요"라는 말은 그 믿음을 통째로 거부하는 것처럼 느껴진다.

대런이 말하듯 나도 '난 못해요' 유형을 피하고 긍정적인 인물들로만 주변을 채울 수 있었다. 하지만 그렇게 하지 않았다. 대신 심리학자이자 컨설턴트가 되어 '난 못해요' 유형들과 늘 만나는 길을 택했다.

내게 까다로운 그 상대와 정면으로 만나 받아들이고 공감하는 법을 익히면서, 그리고 이 책에 소개된 도구들을 사용하면서 나는 변화를 만들어왔다. 이제 나는 '난 못해요' 유형이 '난 할 수 있어요' 유형으로 바뀌도록 도와주는 일을 다른 무엇보다 잘하게 되었고 그 일은 내 일생의 목표로 자리 잡았다.

02

까다로운 대화를 풀어가기 위한 기본기

성공은 마법도 신비도 아니다. 기본을 꾸준히 지속함으로써 얻는 자연스러운 결과이다.

– 짐 론Jim Rohn, 《충만하고 앞선 삶Leading and Inspired Life》의 저자

당신이 회사의 리더나 관리자 혹은 팀장이라고 하자. 이제 당신이 어쩔 수 없이 당면하게 되는 과제가 있으니, 바로 까다로운 대화이다. 실적 부진을 지적하는 대화일 수도, 사기를 진작시키기 위한 대화일 수도 있다. 사람마다 구체적인 상황은 다르겠지만 그 상황을 맞이해야만 한다는 점은 같다.

그렇게 당면할 수밖에 없는 까다로운 대화 상황에 대한 대응 방법은 다음 네 가지 중 하나가 된다.

- 수동적으로 회피하기
- 적극적으로 무시하기
- 마지못해 대화하기
- 그 대화에 능숙해지기

오랫동안 리더와 관리자의 역할을 지속하고 싶다면, 특히 리더로서 영향력을 갖고 싶다면 최고의 대응은 네 번째가 될 것이다. 조만간 사표를 낼 작정이라든지, 장기 휴가를 떠나게 된다면 다른 세 가지를 선택할 수도 있을 것이다. 하지만 여행 잡지를 뒤적이는 것으로 휴가를 대신하고 매일 출근하는 입장이라면 얘기가 다르다. 까다로운 대화를 얼마나 능숙하게 처리하는가가 당신의 리더십을 결정한다는 점을 고려하면 더욱 그렇다.

까다로운 대화에 능숙해지려면 '인간 행동을 이해하기', 그리고 '남의 행동에 영향을 미치고 조정하는 방법 배우기'라는 두 단계가 필요하다. 이 두 단계는 여러 전략과 기법의 근간을 이룬다. 일단 우리 행동의 이유를 알려주는 기본 원칙부터 살펴보자.

인간은 왜 그렇게 행동하는가?

인간의 행동은 참으로 다채롭다. 강인함, 용기, 대담함, 위대함을 드러내는가 하면 멍청함, 광기, 기묘함을 보여주기도 한다. 하지만 어떤 행동이든 그 맥락을 고려하면 이해할 수 있다. 살아가면서 누군가의 행동에 놀라 '대체 왜 저렇게 행동하는 거지?'라고 질문을 던지거나 '도무지 저렇게 행동하는 이유를 모르겠군'이라고 생각하는 경우가 많다. 이럴 때는 더 넓은 맥락을 살필 필요가 있다.

인간 행동의 ABC 모델

인간 행동의 이유를 이해하는 것은 심리학의 주요 관심사이다. 지극히 복잡하고 다양해 보이는 인간 행동을 분석하는 유용한 도구가 ABC 모델이다.

이 모델은 행동을 부분부분 쪼갠다. 마치 편집자가 글을 문장과 단어로 쪼개듯이 말이다. 심리학의 기본 중에서도 기본인 모델이지만 인간 행동에서 어떤 요소가 작용하는지 살펴보는 데는 여전히 훌륭한 바탕이 된다. 까다로운 대화를 할 때 상대 행동의 맥락을 이해한다면 그 행동을 변화시킬 가능성도 대폭 높아질 것이다.

인간 행동의 ABC 모델은 다음 세 가지 요소로 행동을 쪼갠다.

- 선행사건antecedents: 행동에 앞서 일어난 사건이나 상황을 뜻한다.
- 행동behavior: 현재 직접 관찰되는 행동이다.
- 결과consequences: 행동의 결과로 일어나는 사건이나 상황이다.

인간 행동의 ABC 모델

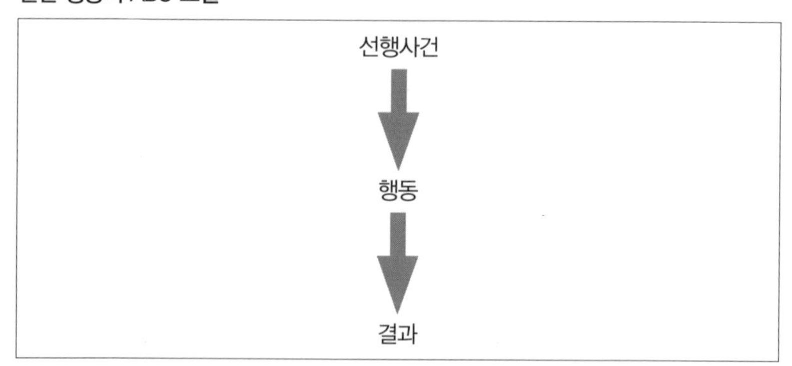

선행사건은 말 그대로 '앞서 일어난 일'이다. 행동에 앞선 사건이나 상황이다. 여기에서 행동이 일어나고 거기서 결과가 생겨난다. 예를 들어 피곤함을 느끼는 것은 수면 행동의 선행사건이다. 수면이라는 행동은 다음날 상쾌한 느낌이라는 결과를 낳는다.

여기서 더 나아가보자. 상쾌한 기분은 새로운 고객과의 만남을 힘차게 효과적으로 해내는 행동의 선행사건이다. 이 행동의 결과는 계약 체결 성공일 것이다. 이렇듯 한 가지 행동은 다음 행동의 선행사건이 되어 연속적인 흐름이 만들어진다.

관리자에게는 이 ABC를 이해하는 것이 퍽 중요하다. 관리자가 개입하여 만들어낸 결과가 이후 직원 문제 행동의 지속 여부를 결정할 것이기 때문이다. 이 모델에 따르면 세 요소 중 어느 것을 바꾸든 자신이나 남들의 행동에 변화가 일어날 수 있다.

다음 표는 관리자가 각 요소에 개입하여 서로 다른 결과를 만들어 낸 모습을 보여준다.

선행사건, 행동, 결과를 변화시킨 사례

	일어난 일	변화의 방법
선행사건	아침에 부서원 두 명이 다툼을 벌임	다툼에 개입하여 해결책을 찾음
행동	부서 회의에서 두 사람이 서로에게 말을 하지 않음	전략적 질문 던지기를 통해 두 사람이 의견을 내도록 함
결과	두 사람이 진행하는 프로젝트가 정지되고 다른 부서원들이 불평을 시작함	두 사람에게 불화의 해결책을 찾으라고 지시하고, 다른 부서원들을 불러 프로젝트 진행 방법을 논의함

선행사건(행동에 앞선 요소)과 결과(행동 이후에 따라오는 요소)가 존재한다는 점을 이해한다면 어째서 사람들이 특정 행동을 하는지, 그리고 더 중요하게는 어째서 그 행동을 계속하는지 알게 된다. 선행사건과 결과는 행동을 이해하는 데 꼭 필요한 핵심 맥락인 것이다. 누군가 파티에서 만취해버렸다고 가정해보자. 이 행동의 선행 요소는 무엇일까? 파티에서 만취하게 된 이유는 어디 있을까?

이유는 파티 전에 제대로 식사를 하지 못했기 때문일 수도 있고 수줍음을 감추기 위해, 혹은 화난 마음을 달래기 위해 술을 마셨기 때문일 수도 있다. 동료들 사이의 경쟁으로 인한 압박이 선행사건이 되었을지도 모른다. 자기 주량을 모르고 그저 많이 마셨을 가능성도 있다. 여러 이유가 한꺼번에 작용하기도 한다. 그러니까 수줍음 많은 사람이 경쟁 압박을 받는 상태였고 속이 빈 상태로 파티에 참석했다가 그만 견딜 수 없는 수준까지 마셔버린 것이다. 사실 한 행동의 선행사건은 대개 여러 가지가 복합되어 있게 마련이다.

자, 그렇다면 이 행동의 결과는 무엇일까? 화기애애할 수 있었던 파티 분위기가 엉망으로 망쳐지는 결과, 만취한 사람이 다음 날 내내 숙취에 시달릴 것이고 전날 일어났던 일을 하나도 기억하지 못하는 결과, 혹은 둘 다 한꺼번에 나타나는 결과 등이 가능하다. 〈행오버〉라는 영화에서 나온 것처럼 어느 틈에 몸에 문신이 새겨졌다거나 욕실에 커다란 호랑이 한 마리가 떡하니 버티고 앉은 사건이 벌어졌을 수도 있다.

선행사건과 마찬가지로 행동의 결과 또한 여러 개가 한꺼번에 나타나곤 한다.

선행사건 찾기

직장에서 당신은 남들의 행동을 변화시켜야 하는 입장일 수 있다. 더 많은 업무를 맡고 실수를 줄이며 프로젝트에 주인의식을 가질 것, 혹은 고객을 응대할 때 미소를 더 많이 지을 것 등을 요구해야 할지도 모른다. 이러한 행동 지도는 지위와 업종에 따라 업무의 중요한 부분을 차지한다.

상대의 행동을 바꾸고 수정하는 일의 성공 여부는 그 행동을 이끄는 선행사건을 얼마나 잘 이해하느냐와 직결되어 있다. 고객 앞에서 직원이 더 자주 미소 짓도록 여러 가지 전략을 짜낸다 해도 그 직원이 웃지 않는 이유(선행사건)를 알지 못한다면 전략들이 제대로 효과를 발휘하기 어렵다.

어떤 행동에든 여러 선행사건이 있기 마련이라는 점을 기억하면서 다음 사례를 보자. 선행사건에 대한 이해가 훨씬 훌륭한 문제 해결을 가능케 한다는 점을 알게 될 것이다.

case study 문제가 생긴 이유는 무엇이었을까?

탤리는 렉스의 직장상사이다. 렉스는 생산성이 높고 부서 업무에 늘 크게 기여하는 직원이었지만 최근 들어 문제를 보이고 있다. 지각하는 일이 생겼고 조퇴를 하기도 했으며 업무에 적극성을 보이지 않고 나서서 발언하는 일도 드물어졌다. 평소 렉스의 성격으로는 잘 이해가 가지 않는 일이었다. 탤리는 렉스를 불러 자신의 기대에 미치지 못한 두 가지 사항을 지적했다. 하나는 출퇴근 시간을 엄수하지 못한다는 것, 두 번째는 기한 내에 맡은 일을 책임 있게 끝내지 못한다는 것이었다.
렉스는 탤리의 말을 끝까지 말없이 들은 후 자신의 적극성이 전보다 떨어졌다는 점을 인정했다. 그리고 탤리가 지적한 사항을 고치기 위해 최선을 다하겠다고 약속했다. 하지만 계속 바닥을 내려다보는 시선이라든가 문 쪽으로 돌아앉은 자세 등으로 볼 때 탤리는 미심쩍은 마음이 들었다. 우려했던 대로 렉스는 다음 날 병가를 내고 회사에 출근하지 않았다.
렉스와 가장 가까운 회사 동료인 데비와 이야기를 나눠본 탤리는 그제야 렉스가 우울증에 시달리고 있으며 약물 부작용으로 시간과 감정의 관리가 제대로 되지 않는다는 것을 알게 되었다.

무엇이 이유인지 알아차리기

사람들은 변화를 촉진하는 요소가 없는 한 행동을 바꾸지 않는다. 이 점은 이 책의 중요한 교훈 중 하나이니 꼭 기억하도록 하자. 누군가의 행동이 변했다면 그건 선행사건에 변화가 있었기 때문이다.

바꿔 말해 누군가의 행동이 바뀌었다면 그 변화를 불러일으킨 무언가가 반드시 있다는 것이다. 그리고 그 변화의 이유를 분명하게 알면 알수록 행동 변화를 일으킬 가능성, 원하는 행동으로 맞춰갈 가능성은 더욱 커진다.

위의 사례에서 상사인 탤리는 직원 렉스의 문제 행동을 직접 언급했다. 많은 이들이 선호하는 방식이다. 하지만 탤리가 렉스의 최근 변화에 어떤 선행사건이 자리 잡고 있었는지 탐색했다면 더 좋았을 것이다. 아니, 최소한 덜 나빴을 것이다. "렉스, 요즘은 전보다 업무에 대한 열의가 덜한 것 같아요. 지각 출근하고 회의에서 발언하지 않는데 무슨 이유가 있는 건가요?"라고 질문을 던지는 식으로 말이다.

이런 질문을 통해 탤리는 렉스가 어떤 선행사건 때문에 행동이 바뀌었는지 털어놓을 기회를 만들 수 있다. 이렇게 한다고 항상 답이 나오는 것은 아니지만 많은 경우 선행사건이 드러나게 된다. 하지만 탤리가 그랬듯 선행사건에 대한 고려 없이 행동만을 지적한다면 무리한 행동 변화를 강요하는 상황이 되어버린다.

상대의 삶이 어떻게 흘러가고 있는지 고려함으로써 더 넓은 맥락에서 행동을 바라볼 수 있다. 다양한 측면에서 선행사건을 탐색하라. 그 노력이 더 좋은 결과로 이어질 것이다.

Note

- 인간 행동의 ABC 모델은 선행사건(행동에 앞서 일어난 사건이나 상황), 행동(현재 직접 관찰되는 행동), 결과(행동의 결과로 일어나는 사건이나 상황)라는 세 가지 요소로써 인간 행동을 설명해준다.

03

타인의 행동을 바꾸고 싶다면

회사의 관리자나 팀장 같은 리더의 역할 중 하나는 남들의 행동을 이끌고 지원하고 조정하여 결국 교정하는 데 있다. 행동 수정이란 특정 기법을 사용해 어떤 행동을 늘리거나 줄이는 것이다.

리더 역할을 효과적으로 수행하려면 현재 자신이 동원하고 있는 전략을 분명히 인식하는 것이 매우 중요하다. 지금 현재도 남들의 행동에 영향을 미치고 수정하면서도 정작 자신이 동원하는 전략이 무엇인지는 모를 수 있기 때문이다. 이렇게 되면 효과적인 전략을 반복하기도, 혹은 효과 없는 전략을 바꾸기도 어렵게 된다. 당신이 관리하는 이들의 행동을 보다 효과적으로 수정하는 전략을 살펴보자.

인간 행동의 수정 전략은 크게 강화와 처벌, 두 가지로 나뉜다. 이 용어는 대부분의 사람들이 익히 들어 알고 있지만 제때 효과적으로 적용하는 경우는 극히 드물다. 강화와 처벌을 좋은 것과 나쁜 것, 긍정적인 것과 부정적인 것으로 나누는 경우가 많으며, 심지어 이런 식으로 정의를 내리는 일까지 있다. 하지만 이는 틀린 생각이다.

이는 마치 외향성과 내향성이라는 개념에 대한 오해와도 비슷하다. 많은 이들은 외향적인 사람이란 아주 시끄러운 유형, 늘 주변에 사람이 들끓고 거기서 우두머리 역할을 하는 사교적인 유형이라고 생각한다. 한편 내향적인 사람은 구석에 숨어서 혼자 있기를 좋아하는 수줍음 많은 유형이라고 여긴다. 말하자면 외향성과 내향성을 사회적 특성으로 파악하는 것이다. 하지만 분석심리학의 창시자인 칼 융에 따르면 외향성과 내향성은 우리가 어디서 에너지를 얻느냐에 따른 구분이다. 외향적인 사람은 주변 세상, 즉 사람들, 취미, 사물, 관심사 등에서 에너지를 얻는다. 반면 내향적인 사람은 곰곰이 생각하는 등의 내면적 활동에서 에너지를 얻는다. 이러한 정의는 사회적 특성과는 전혀 다르다.

강화와 처벌로 다시 돌아가보자. 이 역시 좋고 나쁨, 긍정과 부정과는 다른 의미이다. 두 개념은 그저 행동 발생 빈도를 높이는 것(강화)과 낮추는 것(처벌)을 뜻할 뿐이다. 좋고 나쁨의 가치 판단은 전혀 없다. 강화와 처벌은 그저 '더 하도록 하는 것'과 '덜 하도록 하는 것'의 문제이다.

강화와 처벌은 다시 긍정적인 형태와 부정적인 형태로 나뉜다. 긍정적, 부정적이라 하지만 좋고 나쁨과는 상관이 없다. 특정 행동의 발생 빈도를 높이기 위해 상황에서 무언가를 더하거나 뺀다는 의미이다.

원하는 행동 빈도를 높이는 두 가지 전략

긍정적 강화

긍정적 강화라는 흔한 방법부터 살펴보자. 이 개념은 두 가지 말이 합쳐진 것이다.

- '긍정적'이란 상황에 무언가를 더한다는 뜻이다.
- '강화'란 원하는 행동 빈도를 높인다는 뜻이다.

정리해보면 긍정적 강화란 상황에 무언가를 더함으로써 원하는 행동 빈도를 높이려는 전략이다.

포유류 동물에게 가장 일반적이고 효과가 좋은 긍정적 강화가 무엇일까? 그렇다, 칭찬이다. 칭찬은 인간과 동물 모두에게 큰 영향력을 발휘한다. 개를 키우는 사람이라면 금방 이해할 것이다. 개들은 늘 칭찬을 갈구하니 말이다. 사실 인간도 마찬가지다. 칭찬이 없는 사막에서 우리는 메마르고 만다. 흔히 볼 수 있는 또 다른 긍정적 강화는 음식, 보상, 돈, 선물, 책임감, 관심 등이다. 원하는 행동 빈도를 높이기 위해 상황에 더할 수 있는 것들은 이 밖에도 무궁무진하다.

서로 다른 형태의 칭찬이 어떤 효과를 낳는지에 대해 지난 20년 동안 연구해온 스탠포드의 캐롤 드웩에 따르면 물론 칭찬 자체가 좋은 것이긴 하지만 장기적으로 성과가 좋은 칭찬 형태는 따로 있다고 한다. 일명 '노력 효과effort effect'라고 하는데 타고난 능력, 지력, 재능보다는 올바른 행동, 그리고 거기에 기울인 노력을 칭찬하라는 것이다.

노력을 칭찬받은 사람들은 성공의 핵심이 노력이라 믿고 설사 실패하더라도 이를 학습의 기회로 삼게 된다. 반면 타고난 능력을 칭찬받은 사람들은 성공의 핵심이 재능이라 여겨 실패하면 포기해버린다. 이는 인내력의 차이를 낳는다. 결과물이 아니라 기울인 노력으로 칭찬받는 사람들은 난관을 만나더라도 참고 지속할 수 있다.

정리해보자. 이미 주어져 있고 통제 불가능한 천부적 능력에 대한 칭찬보다는 스스로 통제 가능한 행동에 대한 긍정적 강화가 훨씬 더 효과적이다. 프로 스포츠에서는 규칙적으로 긍정적 강화가 필요하다는 점이 널리 알려져 있다. 경기장에서 기대하는 행동을 계속 강화하지 않으면 결국 상대 팀의 승리를 지켜봐야 하는 상황이 많아진다.

부정적 강화

부정적 강화는 긍정적 강화보다는 드문 경우이지만 이 역시 효과적이고 우리 직장에서 늘 일어나고 있다. 이 개념도 쪼개서 살펴보자.

- '부정적'이란 상황에서 무언가를 제거한다는 뜻이다.
- '강화'란 원하는 행동 빈도를 높인다는 뜻이다.

그러니까 부정적 강화란 무언가를 제거함으로써 원하는 행동 빈도를 높이는 전략이다. 직장에서 정직원과 수습 직원을 비교해보면 부정적 강화를 이해할 수 있다. 수습 기간이 끝나는 순간 직원은 완전히 새로운 사람으로, 자신 있고 준비된 존재로 거듭나지 않는가. 수습이라는 요소를 제거함으로써 원하는 행동(책임감과 주인의식)을 이끌어내는 것이다. 정해진 근무 시간을 없애고 탄력근무제를 도입함으로써 직원들이 더 효율적으로 업무를 해내도록 한 회사들도 있다. 이 역시 무언가를 제거해 원하는 행동 빈도를 높이는 전략이다. 생체 리듬에 맞는 시간에 일하게 된, 혹은 자녀나 가사 돌보는 일을 여유롭게 해결하고 출근하게 된 직원들은 생산성과 사기가 모두 올라가곤 한다.

긍정적 처벌 vs. 부정적 처벌

처벌의 목표는 행동 빈도를 낮추거나 그 행동을 아예 없애는 것이다. 여기에도 긍정적인 형태와 부정적인 형태가 있다. 긍정적, 부정적이라는 말은 무언가를 더하거나 제거한다는 뜻이다.

긍정적 처벌

긍정적 처벌이라니 앞뒤가 안 맞는다는 생각이 드는가? 좋은 것과 나쁜 것은 함께 붙이지 않는다는 상식 때문에 그럴 것이다. 두 단어를 각각 쪼개보면 개념이 분명해진다.

- '긍정적'이란 상황에 무언가를 더한다는 뜻이다.
- '처벌'이란 원하지 않는 행동 빈도를 줄이거나 제거한다는 뜻이다.

언뜻 보기에 낯선 긍정적 처벌이라는 개념은 실제로 우리가 직장에서 매일같이 사용하는 전략이다. 긍정적 처벌의 고전적 형태는 평가이다. "맞춤법 오류와 오타만 수정하고 나면 아주 좋군!"이라고 평가했다고 가정해보자. 이는 평가라는 것을 더함으로써 오류 빈도를 낮춰주는 사례이다. 리더들은 긍정적 처벌을 퍽 자주 활용한다. '처벌'이라는 용어 때문에 도덕 판단과 관련된다는 오해는 말아달라.

부정적 처벌

마지막으로 소개할 행동 수정 전략은 부정적 처벌이다. '부정적'이란 상황에서 무언가를 제거한다는 뜻이고, '처벌'이란 원하지 않는 행동 빈도를 줄이거나 제거한다는 뜻이다.

직장에서의 부정적 처벌은 책임이나 임금을 줄이는 등 가혹한 형태로 나타난다. 부정적 처벌의 최종 형태인 해고는 원하지 않는 행동을 제거하기 위해 아예 그 사람을 제거해버리는 것이다. 행동의 주체가 사라지면 당연히 그 행동이 더 이상 눈에 보이지 않을 테니 말이다.

Note

- 행동 수정의 두 가지 핵심 전략은 처벌과 강화이다. 처벌은 특정 행동을 덜 하도록 할 때, 강화는 더 하도록 할 때 사용된다.
- 처벌과 강화에는 각각 긍정적 형태와 부정적 형태가 있다. 긍정적이란 무언가를 더한다는 뜻이고 부정적이란 제거한다는 뜻이다.

04

긍정적 강화는 힘이 세다

대부분의 사람들은 강화와 처벌 전략을 무심코 사용한다. 언제 어디서 사용하는지도 모르면서 말이다. 우리 코칭을 받는 경영자들이 흔히 하는 말을 들어보자.

“전 정말 모르겠어요. 제가 직원을 붙잡고 회의 시간에 늦지 말라고, 더 이상은 봐주지 않겠다고 말했을 뿐이거든요.”

이쯤 되면 우리는 듣지 않아도 다음에 무슨 일이 일어날 것인지 안다.

“그랬더니 다음번 회의에는 제시간에 들어와 부어터진 얼굴로 그냥 앉아만 있더라고요. 아무것도 하지 않고요. 맙소사!”

우리 대답은 다음과 같다.

“요청하신 결과를 얻었을 뿐인걸요.”

직원에게 마음에 들지 않는 행동(회의 시간에 지각하는 것)을 덜 하도록 요청함으로써 다른 모든 영역(적극적인 회의 참여)까지도 사라지게 만든 셈이다. 그리고 원하는 행동을 더 많이 하도록 강화하지 않는 한 그 상태가 지속될 것이다.

부가 효과

'밀물은 모든 배를 띄워 올린다'라는 말이 있다. 강화와 처벌에서도 이런 일이 일어난다. 한 행동을 강화하면 다른 행동들까지도 늘어나곤 한다. 제 몫을 잘해낸 직원에게 "아주 잘했네!"라고 긍정적인 강화를 해주면 다른 행동까지도 좋아지는 것이다.

반면 "엉망이야. 이러자고 우리가 일하는 건 아니잖나? 다음번에는 이런 실수를 저지르지 말게"라고 말한다면 그 직원의 업무 성과는 모든 면에서 하락할 가능성이 높다.

지금 사용하는 전략이 특정 행동 하나에만 작용해 빈도를 늘리거나 줄이는 데 그치지 않고 다른 행동에까지 영향을 미친다는 점을 기억하라. 위에서 소개한 회의에 지각하는 직원의 경우 '줄이는' 전략보다는 '늘리는' 전략이 더 효과적이었을 것이다. 회의 지각을 비난하는 것(긍정적 처벌) 말고 다음번 회의의 첫 발표를 맡기고 발표를 잘해냈다면 칭찬해주는 것(긍정적 강화) 말이다.

성과 높은 직장의 중심 전략

우리는 성과가 높은 직장이라면 강화 90%에 처벌 10%의 비율을 유지해야 한다고 생각한다. 당신이 현재 사용하는 전략의 비율은 어떤가? 당신 직장에서의 비율은?

답은 80:20일 수도 있고 50:50일 수도 있다. 어쩌면 20:80이 나왔을 수도 있다. 어쨌든 다양한 비율이 나왔을 것이다. 이 모든 비율은 의도된 목표를 달성하기 위한 것이다. 성과가 높은 직장이 90:10의 비율을 보일 것이라고 우리가 생각하는 이유는 이런 직장의 직원들은 더 열심히, 신속히, 영리하게 일해야 하기 때문이다. 더 효율적으로, 더 혁신적으로, 더 생산적으로 한다는 것은 모두 '더 하는' 것이다. 결국 성과가 높은 직장에서 중심적인 전략은 처벌이 아닌 강화가 되어야 한다.

어떤 직장에서는 비율이 뒤집힌다. 물론 필요한 대가를 치러야 한다. 예를 들어 '무재해' 작업장을 주장하는 새로운 관리자가 들어와 위험한 작업 습관을 뿌리 뽑으려는 상황이 있다고 하자. 중심 전략을 처벌로 잡는다면 위험한 작업 습관이 줄어듦과 동시에 생산성도 떨어지기 쉽다. 이 때문에 오늘날 직원들의 사고思考 과정에 초점을 맞추는 작업장들이 늘어나고 있다. 안전한 행동과 위험한 행동 중 무엇을 선택할지 생각하는 사고 과정에 개입하려는 것이다. 이로써 처벌 전략이 가져올 생산성 하락을 예방할 수 있다.

반대로 강화를 중심 전략으로 사용한다면 원하는 행동뿐 아니라 다른 행동까지 늘어나게 된다. 지나치게 높은 위험부담을 떠안는다든가 자기 권한을 넘어서는 행동 등이 나타나는 것이다. 고속 승진을 거듭하며 계속 강화를 받은 직원이 관리자와 의논도 하지 않고 정책 관련 전체 이메일을 발송한다든지 하는 일이 흔히 일어나지 않는가. 자신의 중심 전략이 무엇인지 분명히 인식하라. 그리고 부가적 행동들이 나타날 경우 어떻게 대처할지 준비하라.

- 칭찬은 강력하고 효과적인 긍정적 강화 전략이다.

05

불규칙적인 칭찬의 놀라운 효과

보상과 처벌이 행동 수정 전략으로 어떻게 작동하는지 아는 것만으로는 충분하지 않다. 어떻게 해야 각 전략이 최대한의 효과를 거둘지 또한 알아야 한다. 강화는 다음 그림과 같이 반복되는 것이 가장 좋다.

강화의 방식

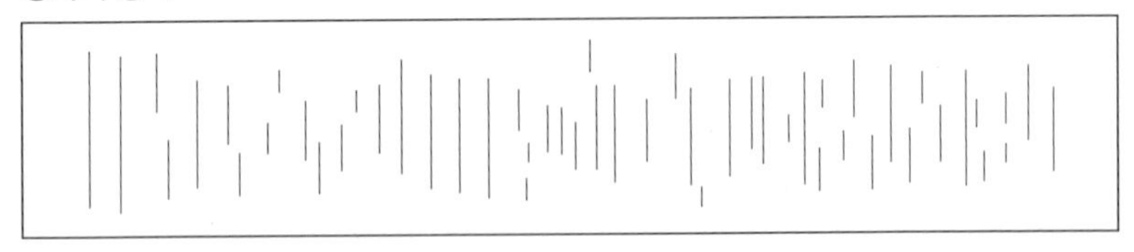

아무런 규칙도 찾을 수 없다고? 바로 정답이다! 강화는 예측 불가능하게 간헐적으로 일어나야 가장 효과적이다. 언제 강화 전략이 사용될지 예측 가능해지는 순간 동기부여 효과는 사라진다.

예를 들어 도박 기계를 생각해보자. 사람들이 월급을 몽땅 쏟아부으며 도박 기계에 열광하는 이유는 무엇일까? 예측 불가능한 강화 방식 때문이다. 언제 돈을 딸 수 있을지, 얼마나 딸 수 있을지 아무도 모르는 상황이다.

많은 이들이 초기에 몇 차례 돈을 딴 뒤 도박에 빠진다. 실패가 거듭된다 해도 결국 돈을 딸 수 있다고 생각하기 때문이다. 그리하여 남이 계속 돈을 잃은 후 자리를 털고 일어나면 맹수처럼 달려들어 그 자리에 앉는다.

도박 기계가 주는 교훈은 분명하다. 직장에서 강화 전략을 효과적으로 사용하려면 규칙성을 배제해야 한다. 흔히 생각하는 것과 달리 성탄 보너스는 썩 좋은 강화 장치가 아니다. 처음 받았을 때는 그럴 수도 있지만 매년 반복되다 보면 예상할 수 있는 수입이 되고 말기 때문이다. 정기 성과급 역시 마찬가지이다. 금전적 보상은 대개 이렇게 강화보다는 예상 가능하고 당연한 일로 변해버린다.

직원들을 관리하고 이끄는 데는 불규칙적인 칭찬만 한 것이 없다. 6개월 동안 죽자 사자 매달려 성공적으로 프로젝트를 마무리한 직원에게 "앨런, 잘했네"라고 한마디 던지고 만다면 그 직원은 '아니, 이게 전부야?'라고 낙담할 것이다. 그렇다고 6분 정도 투자해 만들어낸 자료에 대해 "자, 다들 여기 와서 얼마나 대단한 자료가 만들어졌는지 보라고! 굉장해!"라고 경탄하는 것 또한 적절치 않다. 칭찬은 상황에 맞게 하라. 그리고 불규칙하게 하라. 앨런의 경우 아낌없는 칭찬이 필요하다. 공식 포상, 손으로 쓴 감사 편지 등 강화의 방법은 다양할 것이다. 작은 것이 아주 큰 영향을 미칠 수 있다는 점을 기억하라. 모든 상황은 서로 다르다. 큰 일에는 큰 칭찬으로, 작은 일에는 작은 칭찬으로 규모를 조정해야 한다.

꾸준히 불규칙하게

최고의 효과를 얻기 위해서는 강화 전략을 무작위로 사용해야 한다. 규칙성은 강화의 효과를 떨어뜨린다.

당신이 중간 정도 규모의 기업에 새로 최고경영자로 취임했다고 하자. 전임자는 《악마는 프라다를 입는다》에 나오는 편집장처럼 독재자 유형의 사람이었다. 복도에 그 사람의 발소리만 울려도 모두들 몸을 움츠릴 정도였다.

당신은 전임자와는 다른 방식으로 회사를 이끌어가겠다고 결심한다. 그리하여 첫 번째 월요일이 끝난 후 모든 직원 앞에 나서 "모두들 고생이 많았습니다. 여러분과 함께 일하는 것은 아주 멋진 일이군요. 내일 다시 만나지요!"라고 인사를 한다.

직원들은 생각한다. '정말 다행이야. 지독한 전임 사장과는 완전히 다른 사람이군.'

다음 날인 화요일에도 일과가 끝난 후 다시금 당신이 나서서 인사를 한다. "자, 이제 하루를 마무리하지요. 모두들 고생이 많았습니다. 한 주를 멋지게 시작했다고 생각합니다. 내일 만나지요."

이런 식의 강화 전략이 금요일까지 지속된다면 어떨까? 그저 일상적 인사말에 불과하게 되어 영향력을 상실할 것이다. 너무도 규칙적이기 때문이다. 강화는 불규칙적으로, 처벌은 규칙으로 해야 한다는 점을 기억하라.

꾸준히 규칙적으로

다음 그림은 매우 규칙적인 반복 형태를 보여준다. 복잡할 것은 하나도 없다.

처벌의 방식

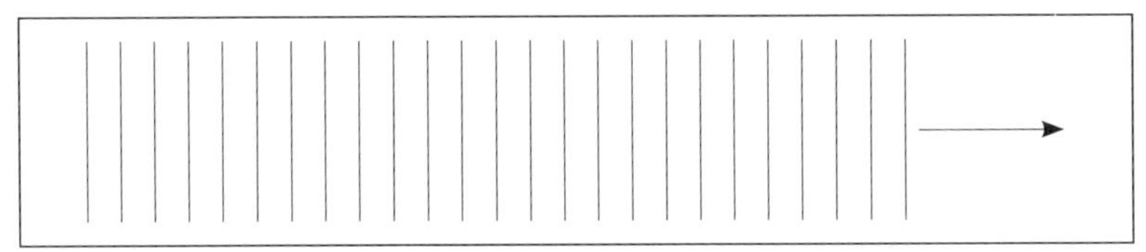

처벌이 전략으로 작동하려면 이렇듯 규칙적인 형태여야 한다. 처벌의 기본 원칙은 다음과 같다.

- 즉각적으로
- 매번
- 오랫동안 죽 지속되어야 한다.

규칙적인 유형이 불규칙적으로 변화하는 순간 처벌은 강화 유형으로 바뀌고 효과를 상실한다. 제거하고 싶은 행동을 오히려 강화하는 꼴이 되어버리는 것이다. 처벌 전략을 시작했다가 이후 포기하는 것, 혹은 중단했다가 다시 시작하기를 반복하는 것 등은 실패하기 쉽다. 이런 일이 대여섯 차례 반복되고 나면 우리는 여간해서는 행동을 변화시키지 않게 된다. 장기간에 걸쳐 그렇게 강화되었기 때문이다.

처벌은 힘든 전략이다. 자녀의 원치 않는 행동을 볼 때마다 규칙적으로 언급하는 일이 얼마나 어려운지는 어느 부모든 다 안다. 참으로 피곤한 노릇이다!

직장에서도 마찬가지다. 처벌 전략을 사용하기로 했다면 꾸준히 지켜보면서 원치 않는 행동이 나올 때마다 지적해야 한다. 안 그랬다가는 원치 않는 행동을 줄이는 것이 아니라 도리어 늘리는 결과만 얻게 된다. 공공 분야나 대기업의 경우 불규칙적인 처벌이 남긴 잔재를 없애느라 몇 년을 소모하기까지 한다.

제대로 사용되면 아주 효과적이지만 처벌 전략은 이렇듯 힘들고 에너지를 소진시키는 일이다. 그래서 우리는 처벌 전략을 아예 그만둘 수 있는 다른 길을 제안하고자 한다. 대체 행동이 그것이다.

- 전략이 목표에 잘 맞는지 확인하라. 생산성을 높이고(행동의 증가) 싶다면 강화를, 실수를 줄이고(행동의 감소) 싶다면 처벌 전략이 적합하다.

06

상대의 실수를 생산적으로 다루는 법

대체 행동이란 원치 않는 행동과 같은 상황에서 일어나지만 함께 일어날 수는 없는 종류의 행동이다.

당신은 금연을 결심해 1년 안에 꼭 성공하겠다고 결심했다. 의사에게 찾아가 "이제 담배에서 해방되고 싶습니다. 제일 좋은 방법은 무엇이지요?"라고 물어보면 제일 먼저 나오는 대답이 무엇일까? 운동을 하라는 것이다. 왜냐하면 달리기를 하면서 동시에 담배를 피울 수는 없기 때문이다. 대체 행동의 고전적인 사례다. 달리기를 하는 중간중간에까지 담배를 피워 무는 골초라면 의사가 수영을 하라고 권할 것이다. 수영하면서 담배는 절대 피우지 못할 테니까 말이다.

직장에서 대체 행동 전략의 예를 들어보자. 제출하는 보고서에서마다 문법과 맞춤법 실수를 저지르는 직원이 있다고 가정해보자. 이 직원의 실수를 줄이게 하려고 회사에서는 처벌 전략을 동원할 수도 있고 대체 행동 전략을 쓸 수도 있다. 실수가 없는 보고서를 제출하도록 하기 위한 대체 행동은 직원이 보고서를 출력해 읽어보고(성실함) 또한 동료에게 한번 검토를 받도록 하는(협력) 이중 안전장치이다. 실수라는 원치 않는 행동이 성실함과 협력이라는 원하는 행동으로 대체된다.

행동을 처벌하려 들기보다는 이렇듯 원치 않는 행동을 대체하는 다른 행동을 통해 원하는 결과를 끌어낼 방법을 고민해보라.

의미 있는 일을 한다는 것

강화, 처벌, 대체 행동은 행동 수정을 위한 세 가지 방법이다. 잘 들어맞는 맥락에서는 이 세 가지 모두 각각 효과적이지만 직원들이 업무의 의미를 찾지 못하는 직장이라면 아무런 역할도 하지 못한다. 공장 노동이라면 몰라도 수평적 사고, 문제 해결, 혁신 등을 요구하는 업무인 경우 그 업무 자체에 애정을 갖도록 하는 것이 매우 중요하다.

의미 있는 업무에 종사하는 직원들은 업무를 제대로 해낸다. 말콤 글래드웰은 의미 있는 업무를 위해 다음 세 가지가 필요하다고 본다.

- **복잡성**: 도전정신을 느낄 정도로 복잡한 업무여야 한다.
- **자율성**: 자기 방식으로 필요한 일을 할 수 있는 여지가 있어야 한다.
- **노력과 보상의 상관관계**: 들인 노력이 상응하는 보상을 가져다준다는 점이 분명해야 한다.

의미 있는 업무를 위해 필요한 세 가지

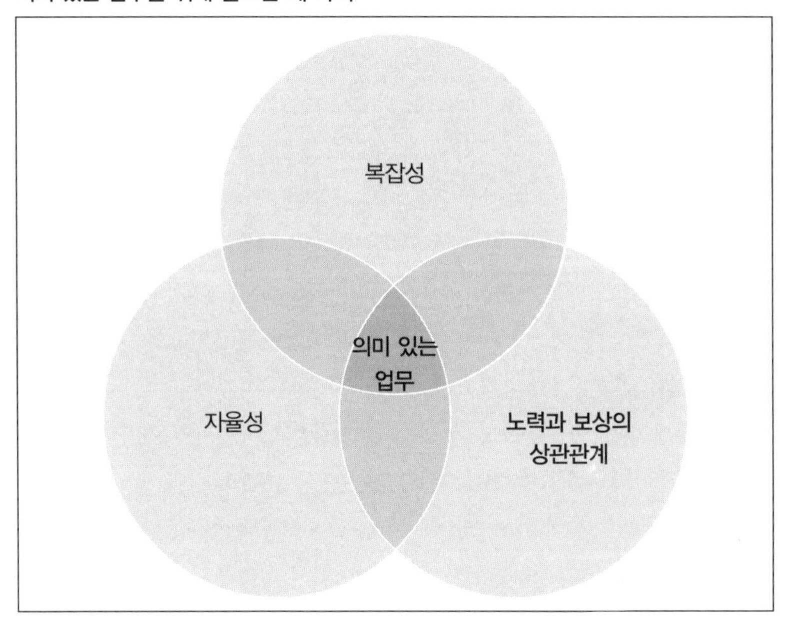

매년 정기적으로 주어지는 보너스는 개인의 노력이 아닌 기업의 이윤을 바탕으로 하고 있으므로 의미 있는 업무와 별 상관이 없다. 이런 식의 보너스는 보상이 아닌, 당연히 예상되는 일이 되어버린다.

Note

- 대체 행동(원치 않는 행동을 원하는 행동으로 바꾸는 것)은 처벌을 사용하지 않게끔 해준다.
- 훌륭한 리더는 강화, 처벌, 대체 행동 중에서 핵심 전략을 적절히 선택하고 결합해 사용한다.

advice 불편한 상황을 바라보는 심리학&행동과학적 관점

위대한 리더는 계속 발전하고 성장한다. 까다로운 대화를 처리하는 능력은 학습, 성장, 발전 능력과 직접 연결되어 있다. 사람들이 왜 어떤 행동을 하는지 그 토대를 이해하고 까다로운 대화를 어디서 시작해야 할지 아는 것은 그 능력의 기본이다.

최종 목표에 초점을 맞추고 그에 따라 행동 수정 전략을 맞춰가야 한다는 점을 기억하라. 일단 그 방향이 명확히 잡힌다면 다음 과정이 한층 쉬워질 것이다.

행동과학자의 시각

인간 행동에 대한 이해는 관리자들이 갖춰야 할 핵심 자질이다. 어느 조직이든 변화를 만드는 것은 최전선의 관리자들이지만 행동에 대한 이해를 바탕으로 이들이 얼마나 큰 변화를 이룰 수 있는지는 흔히 간과된다.

관리자와 리더들의 인간관계 능력 형성에 대해 기업들은 거의 관심이 없다시피 하다. 최근 미국 노동 통계를 보면 전체 노동시장의 80%를 서비스직이 차지하고 있다. 하지만 기업들은 여전히 과거 시대의 동기부여와 보상 정책을 유지하고 있다. 제조업 분야의 리더에게 고객 서비스 전문가가 되라고 요구하기도 한다. 이 괴리는 해결되어야 한다.

심리학자의 시각

사람들이 어떤 행동을 왜 하는지 알아내기는 힘들다. 하지만 머리를 모래에 파묻은 채 해결되지 않은 갈등과 긴장을 버티는 것은 한층 더 힘들고 비용도 크게 든다. 직장에서 치르게 되는 비용은 생산성 저하, 사기 저하, 불만족 등 여러 가지다.

이 밖에 개인 건강 측면에서도 막대한 비용을 치러야 한다. 해결되지 않은 직장 내 문제로 내가 상담한 많은 이들이 스트레스 관련 질환, 우울증, 불안, 수면 장애 등에 시달리고 있었다. 이런 문제를 어떻게 해결할 수 있을지 궁금한가? 이 장에 소개한 렌즈를 통해 인간 행동을 살펴보면 된다. 직장에서 해묵은 갈등이나 긴장으로 괴로워하고 있다면 이 장을 다시 한번 읽으면서 자신에게 적용시켜보라. 지금보다 훨씬 더 건강해질 수 있을 것이다.

컨설턴트의 시각

인간 행동의 동기를 ABC 모델을 통해 깊숙이 들여다보는 일은 간단하지만 대단히 중요하다. 충분한 시간과 노력을 들여 이해하려 하지 않으면서 결과만 바라는 사람들이 너무나 많다.

시간을 내서 한걸음 물러서 까다로운 대화를 분석하라. 선행사건을 밝히고 그 상황에 가장 적합한 강화 혹은 처벌 전략을 구상하라. 대화를 피하지도 무작정 뛰어들지도 말라.

인간을 더 깊이 이해하고 자신의 행동부터 바꾸려 하면 마음속에서 저항감이 생길 것이다. 우리 두뇌는 최단 경로를 선택하려는 생존 본능을 갖기 때문이다. 위협적인 세상에서 안전하게 살아남기 위해 형성된 이 본능부터 먼저 상대할 작정을 하라. 그래야 까다로운 대화를 제대로 풀어갈 수 있다.

07

행동을 강조해야 대화가 명료해진다

문제를 더 분명히 정의할수록 해결책에 더 가까워진다.

- 폴 호큰Paul Hawken, 환경운동가 겸 기업인

어렸을 때 에어캡 포장지, 일명 뽁뽁이를 가지고 재미있게 놀던 일을 기억하는가? 작은 에어캡을 하나하나 터뜨리면서 말이다. 때로는 5분 만에 부지런히 다 터뜨리기도 하고 때로는 아껴두고 심심할 때마다 꺼내기도 했을 것이다. 하지만 다 터뜨려진 뽁뽁이는 그저 쓸모없는 쓰레기로 버려졌을 것이다.

오래전에 어린 시절을 벗어났음에도 우리는 아직도 에어캡 포장지에 열광하고 있는 것이 아닌가 하는 생각이 들 때가 있다. 삶의 흠집과 상처를 드러내고 치료하기보다는 보호용 포장재로 감싸기를 좋아하기 때문이다. 우리는 시련과 고난을 가능한 한 피하려 한다. 비록 주인공이 시련과 고난을 이겨내는 내용의 영화는 굳이 돈과 시간을 들여 감상하면서도 말이다.

갈등과 불화는 피할 수 없는 일이고 원망하기보다는 오히려 환영받아야 할 대상이다. 인류 역사를 보면 위대한 발명이나 사회의 진보,

인류애의 발전은 갈등과 불화의 직접적 결과물이었다. 그럼에도 불구하고 우리는 현실을 꽁꽁 감춰두길 좋아한다. 행동을 통해, 태도를 통해, 언어를 통해 그렇게 한다. 모호한 말을 사용하여 다양한 해석의 여지를 남기기도 한다. 언어 자체가 오해의 이유가 되는 것이다.

모호한 의사소통 때문에 상황이 더욱 까다롭고 어려워지는 일이 너무도 많다. 내뱉은 말이 잘못 해석되는 것이다. '무엇을 말하느냐보다 어떻게 말하는가가 중요하다'라는 오래된 격언은 틀렸다. 무엇을 말하느냐와 어떻게 말하느냐는 모두 중요하기 때문이다.

여기서 우리가 다루고자 하는 내용은 무엇을 말하느냐에 대한 것이다. 어떻게 말하느냐(비언어적 의사소통)의 문제는 뒤에서 따로 이야기할 것이다. 시선, 목소리, 몸짓 등이 포괄적으로 다뤄질 예정이다.

까다로운 대화를 할 때 빙빙 둘러가며 말하고 핵심을 회피하는 경우가 많다. 회사에서 흔히 쓰이는 약어들도 많은 경우 핵심을 비껴가게 만들곤 한다. 모호함을 없애고 명료한 의사소통을 이루려면 의도를 분명히 하고 요점을 전달해야 한다. 활발한 대화가 이루어지는 직장에서는 상황이 기술될 때 객관적 표현 못지않게 주관적 · 사적 표현이 흔히 사용된다. 이러한 주관적이고 사적인 표현은 공감대와 유대를 형성하는 데 퍽 중요하지만 까다로운 대화에서는 오히려 갈등만 심화시키기 쉽다. 상황을 객관화시키기 위한 최선의 방법은 특성이 아닌 행동을 화제에 올리는 것이다.

특성과 행동을 구분하라

대화에서 모호함, 혼란, 불확실한 가정과 전제를 제거하려면 상대의 특성에 대한 언급을 버리고 원하는 행동을 분명히 알려줘야 한다.

누군가를 모험적이라고, 게으르다고, 혹은 믿음직하지 못하다고 표현해본 적이 있을 것이다. 바로 이런 것이 특성 언급이다. 특성이란 여러 행동을 결합한 표현이고 꼬리표이다. 예를 들어 누군가 예의바르다고 한다면 이는 뒷사람을 위해 문을 잡아주는 행동, 동료들에게 깍듯하게 인사하는 행동, 상대가 무엇을 요구하는지 묻고 챙기는 행동을 합쳐 부르는 표현이다. 반면 행동은 하나하나 직접 관찰 가능하다.

특성을 나타내는 어휘는 퍽 중요하다. 여러 행동을 종합해 지시하는 이런 어휘가 없다면 얼마나 곤란해지겠는가. 낱낱의 행동을 나열하느라 하루 종일 걸릴지도 모른다.

그럼에도 불구하고 까다로운 대화에서 특성이 아닌 행동을 언급해야 하는 이유는 두 가지다. 첫째, 특성을 언급하게 되면 오해할 가능성이 커진다. 사람마다 그 특성을 달리 정의하기 때문이다.

정말 잘 아는 친구를 다른 친구들 모임에 다음과 같이 소개한다고 생각해보자. "이 친구는 시몬이야. 멋진 놈이고, 내가 아는 한 가장 너그러운 사람이지." 이 소개에서는 '멋진'과 '너그러운'이라는 두 가지 특성이 등장했다. 후자에만 초점을 맞춰보자. 너그러운 사람이라고 할 때 우리가 떠올리는 행동은 수백 가지다. 누군가는 자선단체에 돈을 기부하는 너그러움을, 누군가는 도서관에 나가 무료로 봉사하는 너그러움을, 또 다른 누군가는 멘토링 활동으로 경험을 나누어주는 너그러움을 떠올린다.

이런 상황은 까다로운 대화에서 특히 위험하다. 당신이 특성을 언급할 때 상대가 고개를 끄덕였다 해도 두 사람은 서로 다른 정의를 떠올렸을 가능성이 크다. 특성이 아닌 구체적 행동을 언급해야 제대로 생각이 공유될 수 있다.

case study 체계적이라는 말의 의미

버니스와 상사는 업무 실적 면접 평가를 실시했다. 상사는 말했다.
"버니스, 자네는 일을 잘하고 있네. 다만 다음 몇 달 동안은 조금 더 체계적으로 해줬으면 해."
버니스는 체계적이라는 말을 다음 세 가지로 정의했다.

- 할 일 목록을 만드는 것
- 업무 일지를 쓰는 것
- 조금 더 계획적이 되는 것

면접 평가 이후 버니스는 새로 다이어리를 장만해 매일 아침 할 일 목록을 기록하면서 체계적으로 일하려 노력했다. 그리고 상사의 말대로 잘해나가고 있다고 생각했다.
한 달 후 버니는 당장 자기에게 오라는 상사의 호출을 받았다. 상사는 그날 아침 버니스가 쓴 보도자료를 들고 못마땅한 표정으로 "이게 뭔가?"라고 물었다.
"우리 회사 문서 양식이 3주 전에 바뀐 것을 모르나. 거기 맞춰서 보도자료를 썼어야지."
버니스는 곧바로 실수를 인정하고 사과했다. 그리고 15분 안에 새 보도자료를 만들어 제출하겠다고 말했다.
그러자 상사는 "겨우 한 달 전에 내가 부탁하지 않았나. 조금 더 체계적으로 일해달라고."
자, 무엇이 문제였는지 알겠는가? 상사에게 '체계적'이란 회사가 규정한 업무 절차를 잘 따르는 것이었다. 버니스가 생각했던 할 일 목록이나 업무 일지와는 아무 상관도 없었다.
버니스는 자신과 상사의 해석과 기대에 차이가 있었음을 깨달았다. 그제서야 두 사람은 구체적인 행동에 대해 논의하기 시작했다. 상사가 무엇을 바라는지 명확히 알게 된 버니스는 충분히 기대에 부응하게 되었다.

행동은 특성보다 바꾸기 쉽다

특성이 아닌 행동을 언급해야 하는 두 번째 이유는 행동이 특성보다 바꾸기 쉽기 때문이다. 특성은 어린 시절부터 시작해 오래 지속된 성향인 만큼 30분의 면접 평가로 바꾸기란 불가능에 가깝다. 그러니 까다로운 대화를 할 때에는 특성이 아닌 행동으로 시작하라. 그래야 성공할 가능성이 훨씬 높아진다.

까다로운 상황에서 핵심 목표는 행동의 변화이다. 무언가를 더 많이, 더 적게, 혹은 완전히 다른 모습으로 바꾸는 것 말이다. 그 행동을 구체적으로 언급해준다면 상대도 당신이 원하는 바를 쉽게 깨닫게 된다.

특성과 행동을 한꺼번에 언급하는 경우도 있다. "이 프로젝트 관리를 맡아주세요. 이 일이 언제까지 끝나야 하는지 모두에게 전자우편으로 알려준다면 좋겠어요." 여기서는 '관리'라는 특성이 전자우편을 보내는 구체적인 행동으로 설명되었다. 충분히 명료한 기대이다.

문제는 까다로운 대화라는 압박 상황에서 우리가 이 교훈을 쉽게 잊어버린다는 것이다. 하지만 이 상황이야말로 명료한 전달, 가장 구체적인 행동 언급을 필요로 한다.

다음 표는 네 가지 특성을 구체적인 행동으로 쪼개본 것이다.

네 가지 특성과 각 특성에 해당하는 행동들

특성	행동
업무에 대한 책임	● 프로젝트를 제때 끝내기 위해 야근하기 ● 정해진 일정에 맞춰 과업 해내기 ● 자신이 맡은 일을 끝내면 다른 일을 찾기 ● 높은 기준에 맞춰 업무 해내기
부서원으로서의 기여	● 신입 직원의 업무 파악 도와주기 ● 요청 없이도 회의 다과 준비하기 ● 부서원들과 소통할 때 긍정적 언어 사용하기 ● 부서 회의에서 논의가 발전되도록 기여하기
체계성	● 업무 수행을 계획하기 위한 목록과 일정표 ● 실수 없는 월말 보고 ● 새 일이 시작되는 상황에서도 하던 일 제대로 끝마치기
주도성	● 프로젝트 회의에서 발언하기 ● 향후의 학습과 발전을 위한 기회 찾기 ● 관리자가 2주 동안 자리를 비워도 과업을 빈틈없이 이어가기

이 표는 까다로운 대화를 계획할 때 유용한 도구가 된다. 먼저 폭넓은 특성 개념을 생각해 적어보고 그 특성을 당신이 바라는 행동으로 쪼개보라. 그러면 까다로운 대화에 앞서서 당신이 전달하고 싶은 요

점이 정리된다. 이는 업무 실적 면접 평가 같은 상황에서 특히 유용할 것이다.

특성보다는 행동을 변화하는 것이 훨씬 쉽다는 점을 꼭 기억하라.

08

기회만 있다면 사람들은 옳은 일을 선택한다

우리 의도가 모호하거나 혼란스럽게 보이지 않도록 하는 것, 그리고 당연히 알겠거니 하는 생각을 버리고 내용을 분명히 전달하는 것은 까다로운 대화를 효과적으로 만드는 핵심 열쇠라고 할 수 있다. 긍정적 결과와 부정적 결과 사이에서 선택을 해야 하는 경우 대부분의 사람들은 긍정적인 결과에 맞춰 행동을 바꾼다. 호감을 사고 싶고 그 방향에 따라 행동하고 싶은 것이 모두의 바람이기 때문이다. 그리하여 선택의 여지만 주어지면 사람들은 긍정적인 결과를 추구하며 행동을 수정한다.

그렇지만 직장에서는 부정적 결과를 선택하여 의도적으로 불복종하거나 반항하는 사람도 볼 수 있다. 이렇게 행동하는 이유는 과연 무엇일까?

입을 다물어버릴 가능성

부정적인 결과를 알면서도 선택하는 이유는 단 하나, 그 부정적 결과에서 얻는 것이 긍정적 결과에서 얻는 것보다 크다고 믿기 때문이다. 직장에서 가장 큰 보상이 관심인 경우 부정적 행동이 등장하게 된다. 부정적인 행동의 결과로 얻는 관심이 긍정적으로 행동했을 때 받을 관심보다 더 크다면 의도적으로 전자의 상황을 선택하는 것이다. 삐걱거리는 바퀴가 기름칠을 받는 법이니 말이다. 이 경우 원치 않는 행동에서 관심을 돌려 원하는 행동을 강화하기 시작한다면 곧 부정적인 행동이 감소하게 된다. 기대하는 행동이 무엇인지 명확히 표현해준다면 강제로 명령했을 때보다 직원들이 자율적으로 긍정적 행동을 선택할 가능성이 훨씬 더 높다.

팀은 동료들에게 게으르다는 평가를 받는 사람이었다. 게으르다고 직접 핀잔도 듣고 좀 부지런해지라는 상사의 잔소리도 이어졌지만 반년이 지나도록 팀의 업무 처리에는 별다른 변화가 없었다. 팀의 업무 능력을 향상시키려면 '게으름'이라는 꼬리표가 붙게 된 행동들에 집중할 필요가 있었다. 팀의 상사는 다음과 같은 목록을 만들었다.

- 일을 시작할 때 꾸물거리는 것
- 합의된 기한에 맞춰 프로젝트를 끝내지 못하는 것
- 다른 부서원들이 대신 일을 하도록 만드는 것
- 부서 회의에 기여하지 않는 것

부지런해지라고 말하는 대신 구체적 행동을 언급해줌으로써 팀은 자신의 행동을 보다 쉽게 수정할 수 있게 되었다. 까다로운 대화에서 특성이 아닌 행동을 서술한 것은 상황을 객관화시키고 따라서 팀이 인식공격을 당한다고 느끼면서 방어적인 자세를 취하거나 입을 다물어버릴 가능성을 줄이는 효과도 있었다.

Note

- 모호한 언어 때문에 중요한 대화에서 오해와 잘못된 해석이 일어나는 일이 퍽 많다.
- 까다로운 대화를 객관화하려면 특성 대신 구체적 행동을 언급하라. 특성은 사람마다 달리 정의하는 개념이므로 오해가 발생하기 쉽다.

09

남들이 알아서 내 마음을 읽어주리라 기대하지 마라

누군가 당신이 직장에서 사용하는 언어를 파헤쳐 인식하고 수정하라고 하면 당신은 별로 내키지 않을 수도 있다. 당신에게는 너무도 당연한 것을 굳이 입 밖에 내 말하라고 하니 왠지 이상하게 느껴질지도 모른다.

하지만 한걸음 물러서서 자기 마음속의 가정들을 바깥으로 끄집어내는 것은 꼭 필요한 작업이다. 특히 잘못 해석될 수 있는 내용에 여러 감정들까지 뒤섞이게 되는 까다로운 대화 상황에서는 더욱 필요한 일이다.

행동 기반 언어로 바꾸어나가는 것은 충분히 학습 가능한 기술이고, 또한 연습할수록 점점 더 쉬워지는 일이다. 계속해서 연습하다 보면 어느새 자연스러워져 언제든지 필요에 따라 전환할 수 있게 될 것이다.

행동 기반 언어를 사용하라

핵심을 드러내는 대화를 나누는 이유는 뭘까? 상대가 미래에 했으면 하고 바라는 행동을 이끌어내기 위해서이다. 기대하는 행동이 대화에서 가능한 한 구체적으로 드러날수록 상대가 그 행동을 반복할 확률이 높아진다. 예를 들어 부서의 누군가가 다른 직원에게 사내 전산망 시스템을 안내하는 장면을 보고 "신입 직원을 아주 열심히 도와주었군. 수고했네"라고 칭찬하는 말을 했다고 하자. 칭찬한다는 것 자체는 긍정적이지만 이 칭찬은 상대가 미래에 어떤 행동을 반복해야 할지 드러내주지는 못해 구체성이 부족하다. 구체화시키려면 실제 상황의 행동을 최대한 묘사해내야 한다. "자네가 신입 직원에게 두 시간이나 할애하여 사내 전산망 사용 방법을 알려준 것, 질문을 받고 신입 직원이 직접 해보도록 기회까지 준 것은 정말 잘한 일이었네"라고 말하면 어떨까.

이러한 구체성은 어떤 행동이 높이 평가받고 있는지 직원이 분명히 인식하도록 한다. 그 결과 앞으로도 같은 과업을 같은 방식으로 수행할 가능성이 커진다. 앞으로 하지 말았으면 하는 행동에 대해서도 마찬가지로 구체적인 묘사 방법을 동원할 수 있다.

어떤 행동이 기대되는가에 대해 당신과 상대방 모두가 제대로 이해했는지 확인하려면 힘들고 시간도 많이 걸린다. 두 사람이 같은 상황과 맥락을 염두에 두고 있는지 분명히 해야 한다. 귀찮은 작업으로 보일지 몰라도 핵심적인 대화에서 성공을 거두려면 이 단계가 꼭 필요한 경우가 많다. 서로의 기대를 분명히 하는 데 걸리는 시간은 결국 이후 오해로 빚어질 시간 낭비를 절약시켜준다. 앞서 버니스와 상사의 사례에서 볼 수 있었듯이 말이다.

더 명료하게 이해하려면 올바른 질문을 던지는 것도 중요하다. "자, 우리가 어느 방향으로 가야 하는지 정리해서 다시 말씀해주시겠어요?"라거나 "우리가 나눈 이야기에 대해 어떻게 생각하는지 설명해보시겠어요?" 혹은 "다음 단계는 뭐죠?"와 같은 질문은 상대가 상황을 어떻게 이해하고 받아들였는지 알려줄 것이다. 당신과 상대가 이해를 공유하고 있는지, 혹시라도 혼란이나 오해는 없는지 드러나게 되는 것이다.

특성과 행동을 구분하는 것은 상사가 당신에게 기대하는 바를 명료화하는 데도 도움이 된다. 상사가 당신의 특성에 대해 몇 차례 언급했다면 의도를 명확히 하기 위한 질문을 던져라. 예를 들어 고객 서비스를 개선해야겠다는 지적을 받은 경우 "고객 서비스 개선을 위해 더 해야 하는 일이 무엇이라고 생각하시지요?"라거나 "고객 서비스 개선의 핵심은 무엇이

Tip

특성의 서로 다른 정의: 시간 엄수라는 것

시간 엄수가 무엇인지는 당신이 언제 태어났느냐에 따라 달라진다. 중견 직장인 세대에게 시간 엄수는 15분 일찍 도착하는 것이다. 즉, 정각이 아니라 더 빨리 가야 하는 것이다. 조금 더 나중에 태어난 세대의 경우에는 시간에 딱 맞춰, 혹은 1분쯤 전에 도착하는 것이 시간 엄수이다. 하지만 이보다 더 젊은 사람들은 약속된 시간 30분 전부터 30분 후까지 대략 한 시간 범위 안이라면 시간 엄수라고 본다. 모호한 구분이기는 하지만 이러한 개념 차이는 사회적 영향력을 보여준다. 이를 고려하지 않으면 우리는 시간 엄수라는 특성을 서로 달리 이해할 수 있다. 시간 엄수는 개개인에 따라, 배경에 따라, 마음가짐에 따라, 연령에 따라 그 정의가 각기 다른 것이다.

라고 보시나요?"라는 질문이 가능하다.

상사가 당신에게 더 하기를, 덜 하기를, 혹은 달리 하기를 바라는 일이 무엇인지 명확히 하는 데 시간을 투자함으로써 그 기대에 부응할 확률을 높일 수 있다. 남들이 알아서 마음을 읽어줄 것이라고 기대하지 말라. 대화에서, 특히 까다로운 대화에서 명료성을 획득하는 일은 중요하다. 명료성은 장기적으로 시간을 대폭 절약시켜줄 것이다.

10

대화가 인신공격으로 이어지는 경우

행동 기반 언어를 사용하게 되면 상황이 쉽게 객관화되고 상대를 지지하는 입장에서 행동 변화에 대해 이야기할 수 있다. 앞서 언급한 팀의 사례를 떠올려보자(64~65페이지 참고). 게으르다는 특성이 아닌 구체적인 행동에 대해 이야기하게 되면서 까다로운 대화가 객관화되고 행동 개선의 가능성이 높아지는 것을 볼 수 있었다. 반면 특성을 놓고 대화하는 상황은 인신공격으로 여겨지는 일이 많다.

성적이 좋은 스포츠 팀을 살펴보면 행동 기반 접근을 아주 효율적으로 사용하는 것을 알 수 있다. 행동에 대해서는 끊임없이 지적하고 비판하지만 팀원들이 서로를 돕고 지원하는 문화가 자리 잡아 최고 성적을 올리는 것이다. 한 경기가 끝나면 함께 모여 앉아 어떤 행동이 문제였는지, 향후 어떤 행동을 지향해야 하는지 활발한 토론을 벌이지만 동시에 "이런 점이 보완되어야 하는데 너(너희)는 충분히 그럴 능력을 갖추고 있다"라고 말하는 것을 잊지 않는다. 행동이 아닌 특성을 입에 올리며 경기 평가를 하게 되면 곧 몸싸움이나 입씨름이 벌어지고 사기가 바닥에 떨어질 것이다. 직장에서도 실적이 높은 부서는 변화시켜야 할 중요 행동을 곧장 지적하면서도 존중하는 태도를 유지한다. 그 결과 부서원들은 자신의 가치에 손상을 입지 않으면서 어떤 행동을 바꿔야 할지 분명히 인식하게 된다. 이러한 행동 기반 접근을 시도하는 직장은 점점 더 많아지는 추세이다.

상대의 생각을 넘겨짚을 위험

까다로운 대화, 까다로운 메시지를 전달하는 매체는 전자우편, 대면 대화, 전화 대화, 부서 회의, 1:1 상담 등 다양하다. 이 중 어떤 매체가 가장 좋은지 묻는 이들이 많은데 우리가 생각하는 답은 이렇다. '전부 다 좋은 매체이지만 어느 것 하나 좋지 않을 수도 있다.' 각각의 의사소통 매체는 잘 맞아떨어지면 아주 효과적이지만 그렇지 않은 경우 실패를 불러오기 때문이다.

여기서 매체의 범위가 중요하다. 메시지가 중요하면 중요할수록 여러 매체를 사용하도록 하라. 까다로운 대화를 해야 한다면 대면 대화나 전화 통화, 전자우편 중 어느 하나에만 의존하지 않도록 한다. 모두 다 동원하라. 대면 대화를 하고 나서 이후 확인 전화를 걸고 메시지를 정리해 전자우편을 보내는 식이다. 일정한 시간 차를 두고 여러 매체를 사용함으로써 상대가 핵심을 잊지 않도록 하라. 가능한 한 여러 매체를 동원해 메시지를 전달하고 대화할 기회를 만들어라.

단 하나의 매체(예를 들어 전자우편)만 사용하게 되면 암묵적 가정으로 인한 모호함, 오해, 소통 실패 같은 결과가 빚어질 수 있다. 전자우편은 까다로운 대화에 단독으로 사용하기에 적합하지 않다. 양쪽은 메시지를 이해하기 위해 여러 가지 가정을 세우게 되는데 그 가정들 자체가 잘못되었을 수도 있다. 상대의 생각을 잘못 넘겨짚어 괜히 분노하는 경우도 생겨난다.

앞의 사례에서 보았듯 심지어 대면 대화에서조차 말해지지 않는 내용이 많은 법이다. 설사 말해졌다 해도 상대가 주의를 집중하지 않아 놓치기도 한다. 중요한 메시지라면 한 번이 아닌 여러 차례, 하나가 아닌 여러 매체로 메시지를 전달하도록 하라.

Note

- 특성은 일련의 행동에 대한 꼬리표이고 행동은 직접 관찰 가능한 대상이다.
- 특성을 행동 차원으로 나누고 나면 까다로운 대화에서 행동 변화에 초점을 맞출 수 있다.
- 메시지가 중요하면 중요할수록 더 많은 의사소통 매체를 동원하라.

11
당신의 말이 영향력을 발휘하기 위한 조건

중요한 대화의 성패는 어떤 말을 사용하느냐에 따라 갈린다. 여기서는 당신의 말이 충분히 영향을 미치기 위한 세 요소를 살펴보겠다. 첫 번째는 산 사람 규칙, 두 번째는 하지 말라는 말 삼가기, 그리고 마지막 요소는 강점 기반 언어 사용하기다.

산 사람 규칙 vs. 죽은 사람 규칙

원치 않는 행동을 줄이기 위한 방법론으로 자주 등장하는 것이 '산 사람 규칙'이다. '죽은 사람 규칙'에 반대되는 개념이다. 느닷없이 무슨 소리인가 싶은가? 죽은 사람 규칙은 뭐 그리 끔찍한 것은 아니다. 그저 죽은 사람이나 물체에게 할 만한 부탁은 하지 말라는 의미이다. 이런 부탁은 행동을 동반하지 않기 때문이다. 예를 들어 "문 밖으로 나가지 마세요."라는 말은 상대가 아무 행동을 하지 않아도 달성되는 부탁이다. 탁자 위의 물 컵도, 펜 한 자루도, 조화 한 다발도 똑같이 문 밖으로 나가지 않고 그 자리에 멈춰 있지 않은가. 행동 변화를 불러일으키려면 상대가 가만히 정지해 있지 않도록, 무언가 행동하도록 부탁해야 한다.

산 사람만이 수행할 수 있는 요청을 하라. "문 밖으로 나가지 마세요"라고 하기보다는 "대화를 계속할 수 있도록 방 안에 머물러주세요"라고 말해보라. 대화를 계속하는 것은 물 컵이나 펜은 할 수 없는 일, 산 사람만이 할 수 있는 일이니 말이다. 사무실 안, 당신 주변에서 오가는 대화를 집중해 들어보라. 물 컵이나 펜도 할 수 있는 일을 부탁하는 말이 얼마나 많은지, 반면 산 사람에게 요청하는 말은 얼마나 되는지 살펴보라. 아마 깜짝 놀라게 될 것이다. 다음 표는 사무실에서 흔히 들을 수 있는 나쁜 요청의 예를 보여준다.

나쁜 요청의 예(죽은 사람의 요청)

상황 혹은 맥락	지시어
상사가 수습 직원에게	출근 때 늦게 오지 마세요.
관리자가 직원에게	이렇게 일을 망쳐버릴 거라고는 생각하지 않았어요.
관리자가 부서 회의에서 부서원들에게	아무 아이디어 없이 회의실에 들어와서는 안 됩니다.

한편 이 비효율적인 요청을 산 사람 규칙에 따라 바꾼 것이 다음 표에 제시되어 있다.

죽은 사람의 요청을 산 사람의 요청으로 바꾸기

죽은 사람의 요청	산 사람의 요청
출근 때 늦게 오지 마세요.	9시에 일을 시작할 수 있도록 정시 출근해주세요.
이렇게 일을 망쳐버릴 거라고는 생각하지 않았어요.	자, 애초에 우리가 충분히 목표를 공유하고 있었는지 확인해봅시다.
아무 아이디어 없이 회의실에 들어와서는 안 됩니다.	여러분 모두가 이 회의에 아이디어를 내주는 것이 중요합니다.

죽은 사람 요청의 절대 다수가 '하지 말라'를 담은 표현이다. 결정적인 대화에서 이렇게 말하다가는 당신이 달성하고 싶은 바로 그 결과가 완전히 망쳐질 수 있다.

어째서 하지 말라고 말하면 안 되는지는 듣는 사람의 입장이 되어보면 분명해진다. "문 밖으로 나가지 마세요"라는 요청을 예로 들어보자. fMRI라 줄여 부르곤 하는 기능적 자기공명영상을 찍어보면 이 요청을 들었을 때나 "문 밖으로 나가세요"라는 정반대 요청을 들었을 때나 두뇌의 같은 부분에 불이 들어오는 모습이 나타난다. 우리 두뇌에 있어서는 '나가세요'와 '나가지 마세요'가 별 차이가 없는 것이다. 오히려 두 요청 모두에 들어 있는 '문 밖으로 나가다'라는 행동은 마치 땅에 떨어진 씨앗처럼 우리 마음속에 이미지를 남겨놓고 만다. 일종의 뇌관 효과이다.

자, "문 밖으로 나가지 마세요"라는 말을 들은 사람의 반응은 무엇일까? '아, 문 밖으로 나갈 생각은 해보지도 않았는데 그럴 수도 있겠군' 하고 생각할 것이다. "이렇게 일을 망쳐버릴 거라고는 생각하지 않았어요"라는 문장은 어떤가. 뇌관 효과의 고전적 사례라고 할 만하다. 이 말을 듣는 사람은 어느새 '일을 망쳐버릴' 방법을 생각하고 있을 것이기 때문이다. "분홍색 코끼리를 떠올리지 마세요"라는 말을 들은 청중들이 모두 분홍색 코끼리를 떠올리는 것과 마찬가지다. '마세요'라는 말에도 불구하고 말하는 사람이 절대 생각하지 말았으면 하고 바랐던 바로 그 대상을 듣는 사람은 생각하는 것이다. 그러므로 '하지 말라'가 들어가지 않도록 당신의 표현을 바꾸어라. 행동 기반으로 요청해보라.

공원과 같은 공공장소에서도 이런 변화가 나타나고 있다. 지난 15~20년 사이에 표지판들이 확 바뀐 것이다. '잔디에 들어가지 마세요'라는 표지판의 부정적 효과를 인식하여 이제는 '인도로 걸으세요'와 같이 원하는 행동을 요청하는 문구가 들어가고 있다.

강점 기반 언어를 사용하라

약점보다는 강점에 더 집중하자는 의식 개혁 운동이 활발하다. 이는 우리 언어에도 활용 가능하다. 약점에 기반한 어휘를 주로 사용하고 있다면 까다로운 대화에서 원하는 결과를 얻어낼 가능성은 퍽 낮다. 다음 표는 도움이 되지 않는 특성(왼쪽 열)과 그 특성을 포함하는 강점(오른쪽 열)을 비교하여 보여주고 있다.

도움이 되지 않는 특성을 강점으로 바꾸기

도움이 되지 않는 특성	그 특성을 포함한 강점
투덜거리는	문제를 잘 파악하는
고집 센	확신에 찬
게으른	조용하고 안정된
냉소적인	현실감각 있는
느닷없는	직설적인
배려 없는	논리적인
공격적인	열정적인
소극적인	내향적이고 온순한
자기 의견을 양보하지 않는	의견이 확실한
거만한	자신감 있는
눈치 없는	솔직한
간섭하는	호기심 많은
회의적인	통찰력 있는
논쟁적인	토론을 활발하게 만드는
시끄러운	외향적인

까다로운 대화에서 상대방의 어떤 특성이 마음에 들지 않는다고 말했다가는 기껏해야 애써 한 대화가 헛수고가 되거나 최악의 경우 일이 완전히 망쳐지고 말 것이다. 대화의 성공은 위 표의 오른쪽 열에 있다. 강점에 대해 대화를 시작해 원하는 행동들로 옮겨가도록 하라.

예를 들어 직원과 대화를 시작하며 "우리 이야기를 좀 해보지. 자네의 거만한 태도에 대해 할 말이 많아"라고 했다면 상황이 어떻게 될까? 건설적인 의사소통은 금방 차단되고 말 것이다.

거만함이라는 태도를 강점 기반 언어로 바꾸어보자. 거만함이라는 특성을 포함한 강점에 초점을 맞추게 되면 같은 주제라 해도 전혀 다르게 이야기가 풀리게 된다. 이제 화제는 자신감이다. 거만한 사람들의 커다란 장점 중 하나가 자신감이니 말이다. 때로는 그 자신감이 지나치게 강해서 문제지만. 자, 그럼 자신감이라는 것에서 대화를 시작해보자.

"자네의 자신감은 커다란 장점이야. 다만 가끔 그 자신감이 과도하거나 엉뚱하게 표현되더군. 예를 들면 말이지……." 어떤가? 전혀 다른 대화로 바뀌지 않았는가? 이렇게 이야기를 나누다 보면 구체적 행동을 가리키기 쉬워지고 보다 생산적인 결과를 기대할 수 있다.

별로 마음이 안 내키는가? 거만한 사람이라면 거만하다는 말을 들어 마땅하지 괜히 긍정적으로 표현할 필요가 없다고 생각하는가? 당신이 앞에서 본 표의 왼쪽 열에 있는 부정적 특성으로 상대에게 꼬리표를 붙이고 있다면 그건 아마 100% 정확한 판단일 것이다. 그러나 그 꼬리표를 그대로 두고 대화한다면 상황을 해결하고 관계가 좋아지지 못할 가능성이 100%이다.

때로는 만족스러운 결과를 위해 '마땅함'을 포기해야 하지 않을까? 거만하다는 말을 들은 사람은 바로 방어적인 태도를 취할 것이다. 반면 자신감 넘친다는 말을 들은 상대는 당신의 말에 보다 귀를 기울일 것이다.

메시지를 간결하게 만들라

트위터가 등장하고 페이스북은 상태 메시지 창이 일반화되면서 우리는 간결하게 핵심만 140자 이내로 표현하는 연습을 하고 있다. 이 연습은 퍽 유용한데 리더 역할을 하는 사람에게는 더욱 그렇다. 최고경영자가 회의에 참석해 140자로 회사의 비전과 전략, 목표를 명료하게 설명한다고 생각해보라. 대단하지 않겠는가?

'가장 중요한 것은 무엇이 가장 중요한지 아는 것이다'라는 말이 있다. 당신 부서, 당신 회사 직원들 중 가장 중요하게 해야 할 일을 아는 사람은 몇 명이나 되는가? 특히 당신이 리더라면 다음과 같은 질문을 스스로에게 던져보아야 한다.

- 이 순간 내가 전달해야 할 가장 중요한 내용은 무엇인가?
- 직원들이 달성하도록 노력했으면 하는 가장 중요한 목표는 무엇인가?
- 한 팀으로서 공유해야 할 핵심 목적은 무엇인가?

핵심 메시지나 아이디어, 전략은 입에 딱 달라붙는 표현으로 만들어 모든 사람들이 오랫동안 기억할 수 있도록 하면 좋다. 일종의 표어를 만든다고나 할까.

메시지, 아이디어, 전략을 전달하며 보다 잘 이해되도록 자꾸 뭔가 덧붙이려는 유혹을 느낄 때가 많을 것이다. 하지만 실제로는 일체의 장식을 배제하고 핵심을 드러내는 것이 더욱 중요하다. 당신의 핵심 비전, 목표, 전략이 무엇인지 곰곰이 생각하라. 그리고 이를 직원 및 고객들에게 140자 미만으로 짧게 정리해 전달할 방법을 고민해보라.

Note

- '죽은 사람 규칙'과 '하지 말라' 요청의 부작용을 기억하라. 원하는 행동을 분명히 전달하라.
- 강점 기반 언어를 사용하라.

advice 불편한 상황을 바라보는 심리학&행동과학적 관점

우리의 의사소통은 쓰기, 말하기, 몸짓의 세 영역에서 주로 이루어진다. 우리는 첫 두 영역의 문제를 다루었고 마지막 비언어적 의사소통 영역은 뒤에서 다루게 된다.

자, 이제 당신이 변화를 이끌 시간이다. 모호한 말을 없애라. 대화 상대가 명료한 대화를 충분히 이해할 수 있다는 확신을 가져라. 감추지 말고 직접적으로 말하라. 부드럽게 말하려 한 탓에 대화가 이도저도 아닌 회색빛이 되어버리지는 않았나. 흑백을 확실히 하는 편이 훨씬 좋다.

행동과학자의 시각

사랑에 대해 말하고 싶다. 밸런타인데이도 아닌데 엉뚱하게 무슨 사랑이냐고? 사실 직장에서 사랑은 정말로 중요하다. 신뢰라는 옷을 입은 사랑 말이다.

최고경영자들과의 협력은 상대가, 그리고 내가 까다로운 대화를 제대로 풀어갈 수 있다고 믿는 것에서 출발한다. 나는 대리석 조각을 앞에 둔 조각가와도 같다. 나는 튼튼한 도구를 사용해 문제를 곧바로 드러낸다. 상대와 공감하기 때문에, 상대가 성장하고 발전하기를 바라기 때문에 그렇다. 나는 도전을 꺼리지 않는 사람들과 일하기를 좋아한다. 나는 직설적으로 메시지를 던지는데 이는 까다로운 상황과 대면하는 것이 크게 도약할 수 있는 유일한 방법이라 믿기 때문이다. 물론 상처받고 살짝 물러서는 사람도 있다. 하지만 결국은 이겨내리라는 확신이 있다. 당신 직원들을 믿고 메시지를 던져라. 그 자체가 깊고 긍정적인 보상이 된다.

심리학자의 시각

중요한 대화에서 말은 많이 나눴지만 실제 말해진 내용은 얼마 없는 경우가 흔하다. 우울, 불안 등 정신적 문제에 시달리는 환자들을 상담하면서 나는 두 가지 점에 놀랐다. 하나는 마음속 이야기를 꺼내 말하는 경우가 극히 드물다는 것, 다른 하나는 누군가의 말 한 마디가 몇 년 동안이나 상처로 남는다는 것이었다. 직장에서도 상황은 마찬가지이고 불안, 두통, 외로움에 시달리는 사람들이 적지 않다.

모든 직원들이 마음속에 담아둔 대인 관계 문제를 끄집어내어 말할 수 있는 분위기, 상처가 되는 말에 대해 묻고 대답하고 설명하는 분위기의 직장을 상상해보라. 그곳에서는 돌려 말하는 수고가 필요 없다. 모두들 신속하게 핵심을 파악하고 행동에 돌입하게 될 것이다.

컨설턴트의 시각

내가 경험을 통해 체득한 원칙은 사람은 충분히 지원하고 행동은 강하게 독려해야 한다는 것이다.

사람들 중에는 쉽게 방어적 상태가 되는 유형, 취약한 상태를 잘 참지 못하는 유형이 있다. 이 경우에는 행동을 독려하기에 앞서 스스로 벽을 깨고 나오도록 충분히 지원부터 해야 한다. 반면 자존감이 높은 사람, 해당 시기에 삶의 스트레스 요인이 적은 사람이라면 어서 도전하고 싶은 마음에 지지와 지원 단계를 지루하게 여길 것이다. 그러니 지원해야 할 때가 언제이고 도전을 독려할 때가 언제인지 잘 구분해야 한다.

지원이 필요한지, 독려가 필요한지 판단이 섰다면 이제 지원 혹은 독려할 도구가 필요하다. 상대를 지원하려면 부정적인 특성 언어를 강점 기반 언어로 바꾸고 상대가 취약한 상태를 버텨낼 수 있을 때까지 기다려줘야 한다. 행동을 독려하려면 특성 꼬리표를 구체적 행동 기술로 바꾸어 변화를 유도하라.

12

불편한 대화를 하기에 앞서 체크해야 할 것

편안하고 점잖게 영향을 미치는 능력, 그것이 비언어적 소통이다.

– 교육 전문가 마이클 그라인더Michael Grinder

우리 의사소통에서 비언어적인 요소가 얼마나 큰 부분을 차지하는지에 대해서는 아마 다들 들어보았을 것이다. 전체 소통의 90%가 비언어적 차원에서 이루어진다고 주장하는 연구자들까지 있다. 그 수치의 신뢰성이나 타당성은 논외로 하자. 다만 다음 두 가지는 확실하다. 우리가 비언어적으로 늘 소통을 하고 있다는 것, 그리고 메시지를 주고받는 데 비언어적 의사소통이 대단히 중요한 역할을 한다는 것 말이다.

비언어적 의사소통 기술을 제대로 사용할 수 있다면 까다로운 대화의 상황이 완전히 달라진다. 물론 정확한 표현과 핵심 단어의 사용이 명료한 전달에 필수적이라는 점은 분명하다. 하지만 제아무리 정확하게 표현했더라도 시선, 손짓, 몸짓 등을 잘못 사용한다면 메시지 전달에 문제가 발생하고 만다. 비언어적 의사소통은 빵을 굽기 위한 이스트와 같다. 다른 재료들이 다 갖춰져 있더라도 비언어적 소통 요소가 빠졌다면 빵이 맛있게 부풀어 오르지 못한다. 비언어적 요소를 통해 의사소통의 명료성 수준 또한 대폭 높아진다.

인간은 비언어적 의사소통에 기반을 두고 상황을 판단하고 평가하는 탁월한 능력을 갖추고 있다. 하지만 의사소통의 많은 부분이 비언어적으로 이루어진다는 것을 알면서도 정작 자신의 몸짓 언어가 대화에 어떤 영향을 얼마나 미치는지에 대해 제대로 인식하지 못하는 것이 우리 현실이다.

저명한 비언어 소통 전문가 마이클 그라인더는 6000개가 넘는 교실에서 교사들의 비언어적 의사소통 행동을 40년 이상 관찰, 연구했다. 그리고 효과적인 비언어적 의사소통과 효과적이지 못한 비언어적 의사소통을 구분해 제시하였다. 우리는 그라인더의 연구에서 많은 것을 배울 수 있었다.

친밀한 목소리 vs. 믿음직한 목소리

두 손은 음성을 통한 의사소통에서 중요한 도구이다. 그 이유 중 하나는 두 손이 목소리 통제와 관련된다는 데 있다. 비언어적 소통을 다루면서 왜 갑자기 목소리가 나오느냐고? 우리 손과 머리의 움직임이 목소리를 좌우하기 때문이다.

두 손을 올리고 고개도 자주 움직이면서 말하는 경우 문장을 맺는 부분의 톤이 올라가면서 활기찬 목소리가 나온다. 친밀한 목소리 유형이다. 처음 누군가를 만나 공감대를 형성할 때 이런 목소리를 사용하면 쉽게 호감을 살 수 있다. 다음번에 사람들이 만나는 상황을 보게 된다면 직접 관찰해보라.

두 손을 내리고 고개를 고정시키며 어깨를 펴게 되면 목소리 유형이 완전히 달라진다. 믿음직한 유형으로 바뀌는 것이다. 믿음직한 목소리 유형에서는 첫째, 문장 종결 부분에서 목소리 톤이 내려가고 둘째, 숨을 더 깊게 쉬면서 말을 자주 끊는다는 특징이 나타난다. 진지하고 절제된, 신뢰감을 자아내는 목소리이다. 믿음직한 목소리만 유지한다면 아무리 실없는 소리를 늘어놓아도 청중이 호응해줄 것이다!

친밀한 목소리와 믿음직한 목소리의 차이는 비행기 안에서 잘 나타난다. 조종사는 믿음직한 목소리로 "여러분을 모시고 갈 기장입니다"라고 인사하지만 승무원들은 친밀한 목소리로 "탑승을 환영합니다"라며 미소 짓지 않는가. 양쪽 목소리 톤이 뒤바뀐다고 생각해보라. 승객들은 기장에게서 개인적 친밀감을 기대하지 않는다. 그저 비행이 순조롭게 이루어지고 있다는 점을 확인받고 싶을 뿐이다. 반면 승무원들은 진지하고 근엄하기보다 친절하고 다정하기를 바란다.

마이클 그라인더에 따르면 남자들은 대개 두 손을 내려놓고 말하는 경향이 있어 친밀감을 얻기 어렵다고 한다. 반면 여자들은 신뢰감을 얻기가 어렵다. 대부분의 여자들이 말할 때 손을 위로 올리는 편이기 때문이다. 결국 남자들은 친밀하게 행동해야 하는 상황에서 냉정해 보이고, 여자들은 신뢰감을 주어야 할 때 경박해 보이는 문제가 발생하는 것이다.

직장에서 발생하는 목소리 문제를 살펴보자. 전화 통화만 하던 상대와 마침내 얼굴을 마주보게 되었을 때 생각했던 것과 전혀 다른 모습에 놀란 경험이 있는가? 전화 통화에서 우리는 믿음직한 목소리를 주로 사용한다. 두 손을 내려놓고 고개도 수화기에 고정해둔 상태이다. 반면 누군가를 만날 때면 친밀한 목소리 톤이 된다. 그래서 전화 통화를 통해 상상하던 모습과는 전혀 다른 느낌을 주게 되는 것이다.

까다로운 대화에서 친밀한 목소리와 믿음직한 목소리 중 어떤 것을 사용해야 할지 결정해야 한다면 그 대화의 목적이 진지한 논의인지, 유대감 형성인지 먼저 판단하라. 전자라면 믿음직한 목소리가, 후자라면 친밀한 목소리가 필요하다.

Note

- 직장에서 들려오는 '친밀한' 목소리와 '믿음직한' 목소리를 관찰해보라. 누가 가장 효과적으로 목소리를 활용하는가?

13

그는 왜 그렇게 과한 반응을 보인 걸까?

앞에서 우리는 특성보다는 행동에 기반을 둔 언어를 사용하여 까다로운 대화를 객관화시키는 방법에 대해 살펴봤다. 문제를 더 명료하게 밝히면서도 인신공격의 오해를 받지 않는 방법 말이다. 이 전략은 적절한 비언어적 소통과 조화될 때 그 효과가 한층 커진다.

오스트레일리아와 북미에서 수천 명의 청중을 대상으로 '까다로운 대화' 워크숍을 진행하면서 우리는 비언어적 의사소통 방법의 객관화 효과를 늘 포함시켰다. 청중들의 반응은 열광적이었는데 그 이유는 다음 세 가지였다.

- 납득이 간다.
- 지금껏 잘못된 교육을 받아왔다는 점을 알았다.
- 교정하기가 어렵지 않다.

우리가 대화에서 활용하는 비언어적 의사소통을 분석해보면 네 가지 시선 유형이 드러난다. 우리 눈의 방향이 결정하는 이들 시선 유형은 언어적 메시지가 전달되고 수용되는 방식에 크게 영향을 미친다.

한 점 시선

우리 눈이 아래쪽을 향하거나 개인 공간에 머무는 경우이다. 기억이나 회고하는 상황에서 주로 사용된다. 예를 들어 "지난번에 혼자 생각했던 일이 있지"라고 중얼거리는 순간 우리는 시선을 떨어뜨리고 자기 주변에 시선을 고정한다.

한 점 시선 의사소통은 화제를 전환할 때, 즉 한 정보 부분이 끝나고 다음 부분을 시작할 때 유용하게 활용된다. TV 뉴스를 보면 어떤 내용이 끝나고 다음으로 넘어갈 때 진행자가 시선을 떨어뜨리는 모습을 만나게 된다.

한 점 시선 의사소통은 직원들이 자신의 행동을 돌아보도록 만드는데 효과적이다. 제대로 앞에서 한 점 시선 시범을 보여준다면 굳이 평가를 강요하지 않으면서도 청중들이 스스로 반성하도록 할 수 있다.

두 점 시선

두 점 시선은 상대방과 직접 마주보는 상황이다. 하지만 아이콘택트, 즉 눈 맞춤이라고만 정의되어서는 안 된다. 그보다는 '상대 개인 공간을 들여다보기'라고 하는 편이 더 정확하다. 서구 직장 문화에서는 눈 맞춤의 형태가 많지만 아시아에서는 직접 눈을 맞추지 않는 시선 교환이 이루어진다. 즉, 상대방이 아니라 상대의 개인 공간을 들여다보는 형태의 두 점 시선이 된다.

두 점 시선 소통은 가장 개인적인 소통이고 긍정적 교환을 위해 사용된다. 하지만 까다로운 대화에서 우리는 두 점 시선을 과도하게 사용하는 경향이 있다. 이렇게 되면 객관화에 실패해 인신공격의 느낌을 주기 쉽다.

세 점 시선

세 점 시선은 화자와 청자가 제3의 다른 매체를 공유하는 상황을 말한다. 예를 들어 화자와 청자 모두 화이트보드를 바라본다든지, 부서 회의 자료를 살핀다든지 하는 경우가 있다. 이렇게 함으로써 서로를 마주보는 두 점 시선으로 상대의 개인 공간을 들여다보는 일을 피하면서도 소통을 위한 공유의 공간이 생겨난다.

세 점 시선 대화는 '너'가 아닌 '그것'에 대해 이야기할 수 있도록 해주고 대화를 객관화시킨다.

네 점 시선

네 점을 사용한 의사소통이란 그 자리에 없는 무언가를 가리키는 경우이다. 네 점 시선 대화에서 우리는 멀리 있는 무언가를 표시하기 위해 눈길을 먼 곳으로 보내곤 한다. 예를 들어 내년 순익이 두 배로 늘어나면 얼마나 좋겠냐는 이야기를 하는 경우 대개 네 점 시선 대화를 하게 된다. 순익 증가는 아직 달성되지 않은 무언가이기 때문이다.

세 점 시선 대화는 무엇이 다른가

'어째서 저렇게 과도한 반응을 보이는 걸까? 그저 업무 관련 대화였을 뿐인데'라는 생각을 해본 적 있다면 아마도 두 점 시선 대화를 하면서 부정적인 혹은 도전적인 피드백을 준 상황이었을 가능성이 크다. 직접적으로 눈을 맞추면서 말이다.

두 점 시선은 가장 사적인 의사소통 방식이다. 그러니 상대는 메시지를 사적으로 받아들일 수밖에 없다. 그런데 여기서 문제가 발생한다. 우리는 '상대의 눈을 똑바로 쳐다보라. 그것이 존중하는 태도이다'라고 배웠다. '상대를 똑바로 쳐다보지 못한다면 거짓말을 한다는 얘기다'라는 말도 있다. 이런 생각은 사실 전혀 과학적이지 않다.

까다로운 대화를 하면서 두 점 시선을 유지한다면 갈등과 개인적 원한이 깊어질 뿐이다. 여기서 대안이 되는 것이 세 점 시선 대화이다. 세 점 시선을 활용하면 대화 주제에서 일정한 거리가 생겨난다. 그리하여 화자와 청자 모두 사람이 아닌 문제를 중심으로 이야기를 할 수 있다. 이로써 까다로운 대화의 목적인 행동 변화를 달성하기가 훨씬 쉬워진다.

지금부터는 직장에서 까다로운 대화를 하게 될 때 두 점 시선보다는 세 점 시선을 활용하겠다는 결심을 해보라. 물론 이는 커다란 도전이다. 평생 몸에 익은 방식을 버려야 하기 때문이다. 하지만 익숙한 것이 반드시 유용한 것은 아님을 기억해야 한다.

까다로운 대화가 가장 편안하게 진행되는 상황은 세 점 시선이 활용되는 경우이다. 세 점 시선 대화에서는 당신도 침착함을 유지할 수 있고 상대방 또한 침착하게 대응할 것이다.

과학적 근거

까다로운 대화를 할 때 우리는 공간 침범의 위험을 감수하게 된다. 대화가 제대로 풀리지 않으면 결국 공간 침범이 일어나는데 이 공간은 물리적 공간과 사적 공간 모두를 포함한다. 자, 둘 중 어느 쪽 공간 침범을 선택하고 싶은가?

두 점 시선 대화를 한다면 사적 공간이 침범된다. 복도를 걸어갈 때 상대의 사적 공간을 침범하지 않기 위해 시선을 사람이 아닌 허공에 두지 않는가. 부정적인 피드백을 주면서 두 점 시선으로 물리적 및 사적 공간 모두를 침범했다면 어떻게 될까. 상대는 다음부터 당신 곁에 가까이 다가오기조차 하지 않을 것이다.

반면 세 점 시선 대화를 한다면 공유하는 시각적 공간만 침범하는 것으로 그친다. 사적 공간이 침범당하지 않은 상황이므로 대화는 한층 원활하게 이루어질 것이다.

세 점 시선 방식이 까다로운 대화를 확 바꿔준다는 우리의 주장은 관찰과 교육 경험에만 바탕을 둔 것이 아니다. 이 주장은 과학적으로도 뒷받침되고 있다. 두 점 시선 대화를 할 때 우리는 감정 두뇌를, 그리고 이와 함께 장기 기억 용량을 급격히 많이 사용하게 된다. 이러한 신체 반응은 긍정적인 대화에서는 폭발적인 힘을 발휘하지만 까다로운 대화에서는 생산적이지 못하다. 우리는 모두 잘못하고 실수하는 존재가 아닌, 유능하게 잘해내는 존재로서 기억되고 싶으니 말이다. 직접적인 눈 맞춤이 심장 박동수와 신진대사 수준을 곧장 상승시킨다는 연구 결과도 있다. 동공이 확대되고 체온이 올라가며 스트레스 호르몬인 코르티솔 수준도 상승한다. 눈을 맞춤으로 인해 우리 신체에는 대혼란이 빚어지는 셈이다.

핵심적인 대화를 진행할 때 우리가 가장 바라는 한 가지는 무엇인가? 침착함을 유지하는 능력이 아닌가. 세 점 시선 대화는 정확히 그런 효과를 낳는다.

Note

- 사람들을 잘 관찰하면서 네 점 시선 대화를 적절한 상황에 활용해보라.
- 두 점 시선과 세 점 시선 대화의 차이를 다른 사람에게 설명해보라. 최고의 학습 방법은 가르쳐보는 것이다.
- 세 점 시선 소통 방식을 다수가 모인 회의에서 활용해보라. 참석자들이 훨씬 많이 마음을 열게 될 것이다.
- 까다로운 대화에서 두 점 시선 대화를 하고 있지는 않은지 점검하라. 그것 때문에 대화가 망쳐진 경험은 없는가?
- 두 점 시선 대화는 긍정적 상호작용을 위해 남겨두라. 한 주의 기간을 정해 모든 대화를 세 점 시선으로 진행해보라.

advice 불편한 상황을 바라보는 심리학&행동과학적 관점

아무리 좋은 말이라도 비언어적 의사소통에 문제가 발생하면 제대로 전달되기 어렵다. 반면 두 눈과 몸, 손을 잘 사용하면 똑같은 말로도 훨씬 좋은 결과를 얻기도 한다. 그럼에도 익숙한 방식의 비언어적 의사소통을 아무 생각 없이 계속하는 사람들이 퍽 많다. 비언어적 소통 방식을 바꾸려 할 때 처음에는 어색할 수 있다. 수십 년 동안 학습된 행동인 탓에 변화가 쉽지 않은 탓이다. 당신의 비언어적 소통 방식이 최선의 결과를 낳고 있는지 스스로 점검해보라. 그렇지 않다는 답이 나온다면 변화해야 할 시점이다. 이 책을 통해 비언어적 소통 방식을 교정할 수 있다면 까다로운 대화를 성공적으로 풀어갈 확률이 대폭 올라가고 당신은 믿고 따를 만한 리더로 재탄생할 것이다.

행동과학자의 시각

처음 대학에서 심리학을 공부하게 되었을 때 나는 무조건적인 긍정적 보상을 강조하는 칼 로저스의 이론에 매료되었다. 이 이론에 따르면 고객 앞에서 개방적 수용적 태도를 취해야 하며 직접적인 눈 맞춤을 최대한 활용해 서비스 태세를 보여야 한다.

무조건적인 긍정적 보상이 효과를 발휘하려면 무한한 시간과 접촉 가능성이라는 요구 조건이 충족되어야 한다. 한 번 만나서는 성공할 수 없다. 그런데 무한한 시간과 접촉 가능성을 제공할 수 있는 기업 관리자는 존재하지 않는다. 따라서 무조건적인 긍정적 보상은 직장에 적합하지 않다. 열 차례 이상 직원을 만나 직접 대화하지 못하는 바쁜 관리자 입장이라면 세 점 시선 대화가 가장 적절할 것이다.

심리학자의 시각

비언어적 의사소통에서 남성과 여성은 차이를 보인다. 여성은 눈 맞춤을 훨씬 더 많이 하기 때문이다. 이는 대화하면서 감정적 유대를 얻고 싶어 하는 여성의 성향을 반영하는지도 모른다. 세 점 시선 대화를 시도하려는 여성은 눈 맞춤을 자주 하는 자신의 천성을 인식하고 한층 노력을 기울여야 한다.
세 점 시선을 통한 업무 피드백은 두 점 시선 접촉과 달리 존중받고 있다는 느낌을 준다. 두 점 시선 대화는 긍정적 피드백과 상호작용을 위해 남겨두자. 까다로운 대화에는 세 점 시선이 가장 효과적이다.

컨설턴트의 시각

최근 한 강연에서 세 점 시선 대화에 대해 설명했을 때 청중석에 있던 한 관리자가 "저희는 직원들과 인간적 관계를 맺어야 한다고 생각합니다. 세 점 시선 방식으로 말한다면 거리감이 생기지 않습니까?"라는 질문을 던져왔다. 나는 "그렇습니다. 까다로운 대화 상황에서는 미묘한 거리감을 조성하는 것이 핵심이죠."라고 대답했다. 부정적, 비판적 피드백을 받는 상대는 곧바로 방어벽을 치게 마련이다. 눈 맞춤을 하고 있다 해도 속으로는 집중하지 않는다. 그 상황에서는 어떤 해결책을 제시하든 쇠귀에 경 읽기다.
세 점 시선 대화에서는 상대가 방어적이 되지 않을 만큼 적당한 거리가 형성된다. 문제 행동을 성격적 결함이 아닌, 수정 가능한 행동으로 바라보도록 하는 것이다.

2부

감정 게임

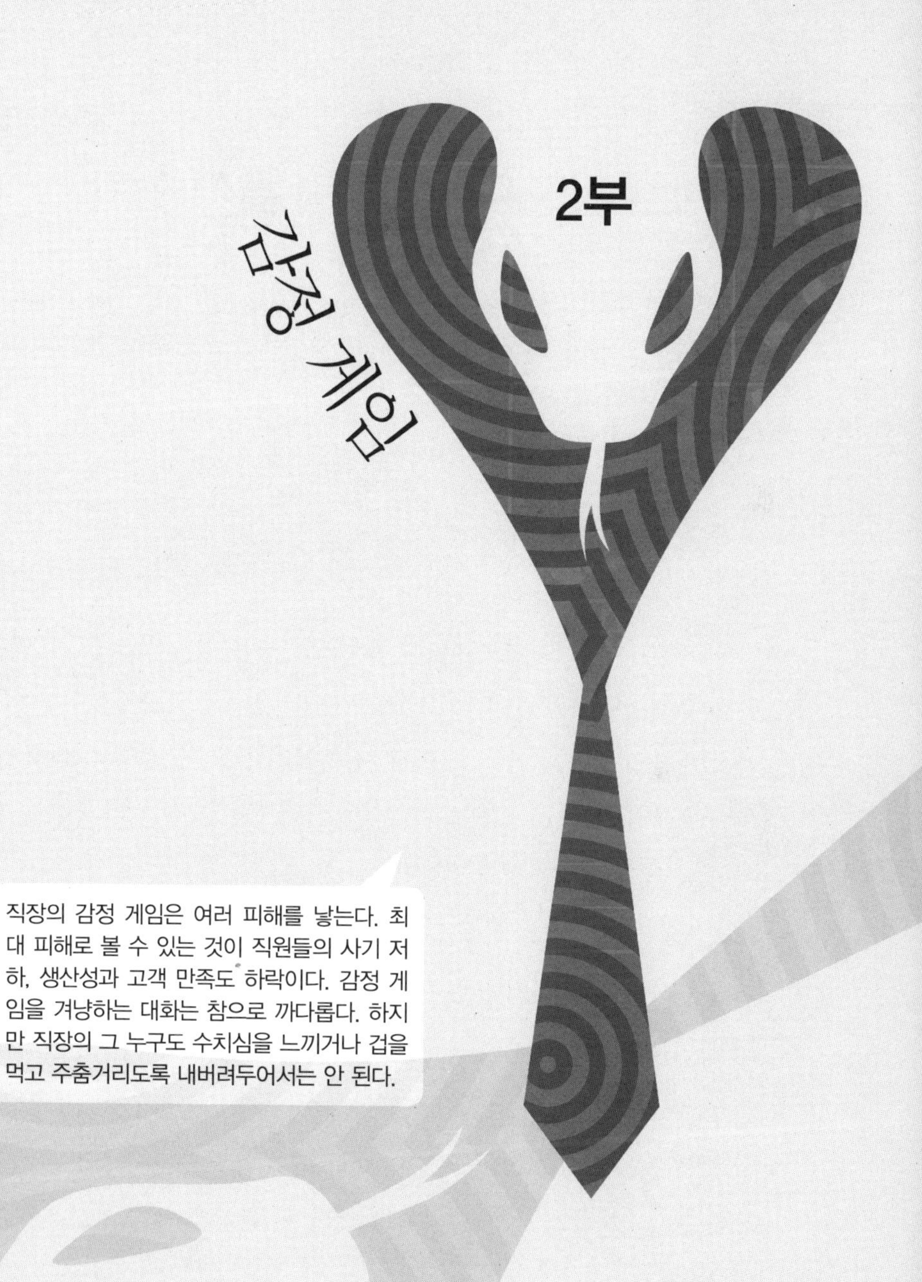

직장의 감정 게임은 여러 피해를 낳는다. 최대 피해로 볼 수 있는 것이 직원들의 사기 저하, 생산성과 고객 만족도 하락이다. 감정 게임을 겨냥하는 대화는 참으로 까다롭다. 하지만 직장의 그 누구도 수치심을 느끼거나 겁을 먹고 주춤거리도록 내버려두어서는 안 된다.

14

상대의 감정을 빼앗으려 들지 마라

누구든 화가 날 수 있다. 하지만 마땅한 사람에게 마땅한 정도로 마땅한 때 마땅한 목적을 위해 마땅한 방식으로 화내는 일은 쉽지 않다.

– 아리스토텔레스Aristotle

까다로운 대화를 풀어가는 데 가장 어려운 점이 무엇이냐고 100명에게 물었더니 99명은 격한 감정을 다루는 일이라고 대답했다. 감정은 상황을 까다롭게 만든다. 아니, 감정이야말로 까다로운 대화의 원인일지 모른다. 하지만 감정 없이 살아가고 싶은 사람은 아무도 없을 것이다. 감정은 우리 삶의 빛과 그림자를 모두 만들어낸다.

리더와 관리자들은 입술을 굳게 다물고 감정을 드러내지 말라고, 사실만을 다룰 뿐 감정을 배제하라고 배워왔다. 하지만 태연한 척 표정 관리를 한다 해도 속에서 비명을 질러대는 다른 생각을 완전히 감출 수는 없다. 사람들은 진실을 포착하는 타고난 능력이 있으므로 결국 감정은 들통 나고 만다. 당신이 하는 말과 몸짓언어, 목소리 톤, 행동이 불일치한다는 점을 알아채는 것이다. 감정은 언제나 작용하고 있다.

그러므로 우리는 직장 내 감정의 역할에 대한 생각을 재정립해야 한다. 변화의 촉매이자 생산성과 혁신을 이루는 연료로서 감정을 바라봐야 하는 것이다. 감정은 이처럼 대단한 존재이다!

다른 한편 감정은 갈등과 충격을 낳기도 한다. 감정으로 범벅된 상황에서 길을 찾기란 힘들다. 하지만 감정을 직장에서 분리해낼 수 없다는 점은 분명하다. 까다로운 대화를 잘 풀어가는 사람은 감정 통제의 기술을 배우고 몸에 익힌 사람이다. 그러니 감정을 억누르거나 무시하는 데 시간과 에너지를 소모하는 대신 어떻게 감정을 잘 관리할 것인지 알아보자.

무시는 최악이다

사실과 숫자만 다뤄야 한다고 믿는 이들은 의사결정과 선택에서 감정을 배제하려 애쓴다. 하지만 이 노력은 결국 무의미하다. 인식을 하든 못 하든 간에 감정은 우리가 내리는 모든 의사결정, 우리가 하는 모든 대화와 상호작용의 일부를 이루고 있기 때문이다.

성공적인 리더십을 위해서는 감정을 효과적으로 관리하고 사용할 능력을 갖춰야 한다. 이를 감성지능Emotional Intelligence이라 부른다. '감성지능'이라는 제목의 베스트셀러 책을 쓴 대니얼 골먼은 평범한 관리자와 성공적인 리더의 차이 중 85~95%가 바로 감성지능에 달려 있다고 한다.

당신이 직장에서 만나본 최고의 관리자를 떠올려보라. 무엇 때문에 그 사람은 최고로 인정받았을까? 회계 관리를 잘해서, 보고서를 잘 만들어서 남다르게 인정받은 것은 아니었을 것이다. 그러한 능력은 물론 중요하긴 하지만 그렇다고 그것이 훌륭한 관리자의 성격을 결정하지는 못한다. 최고의 관리자라고 했을 때는 대략 다음과 같은 특징이 떠오르지 않을까.

- 친밀감을 풍겨 편하게 다가갈 수 있다.
- 남들을 배려한다.
- 공정한 의사결정을 내린다.

훌륭한 관리자가 되려면 다른 사람과 관계를 맺는 능력이 좋아야 하고 자신과 남들의 감정을 잘 통제하며 공정한 의사결정을 내릴 수 있어야 한다.

까다로운 대화를 풀어가야 할 때에는 기억해야 한다. 일이 까다롭게 된 이유는 바로 감정 때문이라는 것을 말이다. 당신과 상대의 감정이 거기 개입되어 있다. 피해갈 방법은 없다. 감정은 작동하고 있고 당신은 그 감정을 처리해야만 한다.

감정은 우리 삶을 풍요롭게 한다. 직장 생활의 안에서 열정과 목표를 이끌고 직원들이나 고객에게 기쁨과 만족을 안겨주기도 한다. 하지만 둘 이상의 사람들이 긴 시간을 함께 보내는 경우 어쩔 수 없이 갈등의 감정이 생겨나는 것도 사실이다.

관리자와 리더들은 남에게 상처를 주지 않으려고 까다로운 대화를 미루거나 피하거나 부드럽게 희석한다. 그리하여 그 어떤 격한 감정도 만나지 않으려 한다. 상대가 자신을 잘 억눌러주기만을 바라면서 말이다. 하지만 까다로운 대화에서 감정을 다룰 때에는 상대가 자기 감정을 충분히 느끼도록 해줘야 한다. 상대의 감정을 빼앗으려 들지 마라.

상대가 상황에서 느끼는 감정을 충분히 인식하고 경험하도록 하는 것이 존중이다. 상대를 어른으로 대우하라. 나쁘거나 슬픈 소식을 돌려 전달하는 것은 호의가 아니다. 성장과 발전의 기회를 빼앗는 행동일 따름이다. 우리가 겪는 모든 감정은 수용 가능하다. 그 감정의 결과로 나타나는 행동은 직장에서 받아들여질 수도, 받아들여지지 못할 수도 있지만 감정 그 자체에는 아무 문제도 없다. 감정은 적이 아니다. 감정 앞에서 어떻게 할 것인지는 스스로 선택해야 한다. 상대가 자신의 선택을 내릴 수 있도록 존중하라.

분노와 행동은 같지 않다

직장에서 분노는 싸움과 갈등, 공격적 행동의 원천이 된다. 이 때문에 우리는 가능한 한 격한 감정과 마주치지 않으려 한다. 하지만 감정을 경험하는 것과 그 감정에 휩쓸려 행동하는 것은 분명히 다른 일이다. 감정은 받아들일 수 있다. 그러나 그 감정에서 빚어진 행동은 받아들여질 수도, 받아들여지지 않을 수도 있다.

책을 시작하면서 제시했던 수와 존의 사례를 떠올려보자. 존이 프린터에 붙여둔 메모 때문에 화가 난 수는 여러 가지로 반응할 수 있었지만 결국 부서 내 협력 관계가 장기적으로 망가지는 행동을 선택하고 말았다. 다른 행동을 취했다면 상황은 전혀 다르게 흘러갔을 텐데 말이다.

직장 내 부서 개편 공지를 보고 화가 났다면 다음과 같은 여러 가지 반응이 가능하다.

- 상사에게 달려가 거세게 항의한다.
- 동료들을 찾아다니며 분노의 감정을 나눈다.
- 최고경영자에게 편지를 써 해명을 요구한다.
- 소송을 제기한다.
- 다음 부서 회의 때 논의 사항으로 꺼낸다.
- 다른 직장을 알아보기 시작한다.
- 입을 다물고 아무 일도 없다는 듯 업무를 계속한다.

이 밖에도 수많은 다른 반응이 가능하다. 분노하는 상황에서 우리는 두뇌의 논리적 이성적 부분을 연결하지 못하고 이 때문에 비이성적이고 받아들여지기 힘든 행동을 하게 된다. 격한 감정을 통제하는 능력 안에는 현재 일어나는 상황을 인식하고 이를 이성적 사고와 연결시키는 단계가 포함되는 것이다.

분노를 인정하고 격한 감정을 통제하려면 우리의 감정 두뇌에서 어떤 일이 일어나는지, 폭발 상황을 막기 위해 무엇을 할 수 있는지 알아야 한다. 이제 우리의 감정 두뇌에 대해 살펴보자.

Note

- 탁월한 관리자는 격한 감정을 다룰 줄 안다.
- 남들이 스스로 자기 감정을 느끼도록 하라. 당신이 대신 나설 필요는 없다.
- 분노를 느끼는 것과 분노로 인해 행동하는 것은 서로 다른 일이다.

15

감정 두뇌를 알아야 한다

감정은 두뇌에서 경험된다. 격한 감정을 통제할 수 있으려면 그 감정이 어디서 인식되는지, 어느 부분에서 점차 발전하는지, 두뇌 다른 부분에는 어떤 영향을 주는지 알아야 한다. 두뇌 구조를 보여주는 다음 그림을 살펴보자.

인간 두뇌의 주요 부분

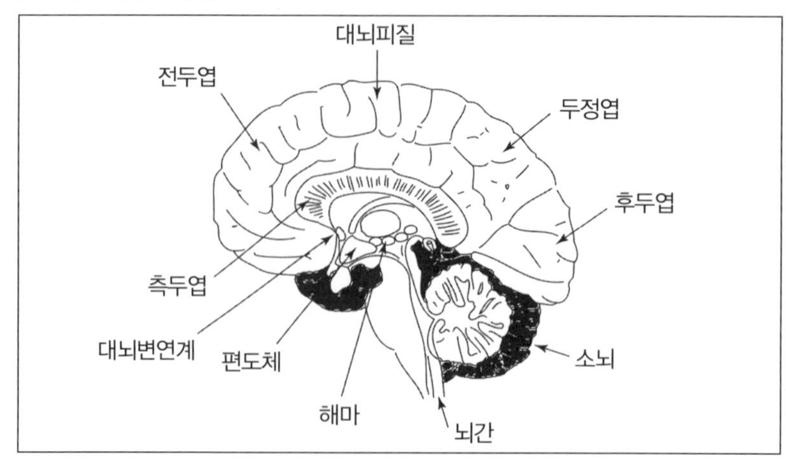

소뇌는 걷기와 같은 동작 조절 기능을 담당한다. 우리가 별생각 없이 자동적으로 하는 행동을 맡고 있다. 뇌간은 신체의 자동 체계를 통제한다. 심장박동, 혈액 흐름, 소화와 호흡 등에 대해 굳이 의식하지 않고 살아가는 것은 뇌간 덕분이다. 대뇌피질과 전두엽 일부에서는 논리성, 언어, 추론 능력을 관장한다. 인간 두뇌가 다른 동물들과 구별되는 것도 이 부분 때문이다.

분노와 슬픔을 표현할 때

두뇌 중간쯤에 감정을 관장하는 대뇌변연계가 있다. 이 부분은 두뇌 다른 부분에 비해 덜 발달했다는 이유로 '파충류의 뇌'라고도 불린다. 악어와 같은 파충류의 두뇌를 보면 대뇌피질이 뚜렷하지 않지만 대뇌변연계는 존재한다. 악어도 감정을 느끼는 것이다. 악어의 눈물은 정말로 존재하는지도 모른다.

대뇌변연계를 구성하는 여러 부분 중 격한 감정 처리와 관련해 가장 흥미로운 것이 편도체이다. 아몬드 모양의 편도체는 기억과 감정 반응을 처리하는 데 핵심적인 역할을 한다. 공포, 격분, 기쁨 등 격한 감정 경험과도 연결된다. 편도체는 두뇌뿐 아니라 신체를 위한 신속 반응 체계이기도 하다. 건드리면 바로 폭발하는 철선 장치와 비슷하다. 편도체는 우리 감정, 우리 반응과 행동을 관장한다. 2만 년 전, 인간이 동굴에 살았을 시절에 동굴 앞에 호랑이가 나타나면 편도체가 바로 작동해 목숨을 보존하게 해주었다. 편도체의 반응은 사고 과정에 비해 8만 배 더 빠르다고 한다. '동굴 앞에 호랑이가 나타났구나'라고 생각하기에 앞서 벌써 두뇌와 몸이 반응하는 것이다. 그 어떤 생각도 입력되기 전에 원시 인간은 벌써 몸을 일으켜 멀리 달아났을 것이다. 편도체가 우리 행동을 장악했기 때문이다. 벌컥 화가 나는 순간도 편도체의 장악 탓이다. 이때 논리와 이성이라는 경로는 전부 닫혀버리고 만다.

대니얼 골먼은 두뇌 속 온도 변화에 대해 언급한다. 화가 나면 두뇌 속 온도가 올라가기 시작하는데 일정 수준을 넘어서면 그때부터는 편도체가 전두엽을 닫아버려 논리적 사고를 중단시킨다. 언어 통제도 중단되어 험한 말을 쏟아내게 된다. '화가 나 제정신이 아니야'라는 말은 곧 두뇌의 핵심 기능이 중단되었다는 뜻이다. 편도체가 우리를 장악하는 상황은 저체온증과도 비교할 수 있다. 추위를 느끼면 우리 몸이 다리로 가는 혈류를 줄이고 중요한 몸통 부분에 집중하게 되니 말이다. 위험에 당면하면 편도체가 달아올라 당장 필요하지 않은 기능을 닫아버리고 재빨리 행동하도록 돕는다.

오늘날 직장에서 우리는 무서운 호랑이 대신 까다로운 대화 상대를 만나고 있다.

Note

- 편도체가 우리를 장악하면 이성적 사고가 불가능하게 된다. 편도체가 전면에 나서지 않도록 자신을 단련하라.

16

직장에서 가장 회피하려 하는 두 가지 감정

사람들이 직장에서 회피하려고 하는 가장 일반적인 두 가지 감정이 분노와 슬픔이다. 강한 분노와 강한 슬픔은 모두 털어놓거나 통제하기 어려울 수 있다. 따라서 직장에서 관리 능력을 키우고 싶다면 반드시 살펴보아야 할 감정들이다.

분노, 공포, 슬픔 등 격한 감정에 휩싸인 사람들은 애초부터 생물학적으로 이성적 판단을 할 수 없는 상태이다. 격한 감정은 두뇌 가운데 부분, 대뇌변연계에서 시작되고 점차 온도가 올라가면서 이성을 관장하는 부분과의 연결이 차단된다.

분노를 마주하는 법

직원들이 당신 앞에서 분노를 보인다면 그 분노는 당신을 향한 것이 아니라 조직의 의사결정이나 변화를 향하고 있다는 점을 우선 기억하라. 상대는 그 의사결정과 변화가 자신에게 미칠 영향 때문에 당신에게 분노를 대신 표출하고 있을 뿐이다. 당신은 상대를 존중하면서도 사안에 대해서는 확고한 태도를 견지해야 한다. 그리고 대화를 잘 이끌기 위해서는 당신부터 이성적인 모습을 유지하는 것이 좋다.

제일 먼저 필요한 것은 침착함이다. 흥분하지 않고 침착한 태도로 대화를 이끌어나간다면 이성적으로 상황을 풀 수 있다. 반면 당신 자신이 이성을 잃어버린다면 비이성적 대화가 무차별적으로 쏟아질 것이고 나중에 크나큰 후회를 하게 된다.

두 번째로 중요한 것은 목소리 톤과 크기이다. 상대보다 낮은 톤과 소리를 유지하라. 능력 있는 나이트클럽 안전요원들은 본능적으로 이 점을 알고 잘 지킨다. 나이트클럽 안전요원으로 승승장구하려면 두 가지 조건이 필요하다. 보름달이 떠야 하고 클럽 입구에서 큰 소리가 나지 않아야 한다. 달밤이야 우리가 어찌해볼 수 없는 일이지만 목소리는 얼마든지 통제 가능하지 않은가.

case study 침착함을 유지하라

금요일 저녁, 댄은 술집에 갔다가 많이 드셨으니 그만 마시라는 말을 들었다. 그는 "무슨 소리! 이제 시작인데"라고 대답했고 종업원은 안전요원을 불렀다. 안전요원은 손님들 틈을 뚫고 댄에게 다가와 "죄송합니다만, 많이 취하셨습니다. 그만 집으로 돌아가시지요"라고 말했다. 곧 댄과 안전요원 사이에 입씨름이 시작되었고 고성이 오고갔다. 댄은 흥분하면서 이성적 판단을 상실했고 결국 자기보다 훨씬 몸집이 큰 안전요원과 몸싸움까지 벌이게 되었다.
안전요원이 침착함을 유지했다면 댄도 그랬을 테고 편도체가 상황을 장악하는 일은 없었을 것인데 말이다.

목소리 낮추기

흥분한 상대방의 두뇌가 이성적 부분과 단절되지 않도록 하려면 분노 행동의 효과를 최소화해야 한다. 이를 위한 핵심 요소는 상대보다 목소리를 낮추는 것이다. 한쪽은 속삭이고 다른 쪽은 고함지르는 대화를 상상해보라. 고함지르는 쪽의 사람이 훨씬 불편해질 것이다. 상대가 똑같이 맞받아주지 않는 한 혼자서 한참 동안 고함지르기는 쉽지 않다. 그러니 당신부터 목소리를 낮춰라. 상대도 같은 수준으로 내려올 것이다.

말 멈추기

말 멈추기는 또 다른 전략이다. 일체 아무 말도 하지 않는 것이다. 말을 하지 않아도 표정, 몸짓, 시선으로 얼마든지 의사를 전달할 수 있다. 흥분한 대화가 폭발 지경에 이르렀을 때라면 더욱 그렇다. 대화를 멈추고 대꾸하지 말라.

말 멈추기는 흥분을 신속하게 가라앉히는 효과적인 방법이다. 라디오 방송에서 진행자의 실수로 아무 소리도 나지 않는 순간이 있다. 라디오에서 침묵이 이어지는 그 순간은 매우 길게 느껴지지만 실은 기껏해야 몇 초 이내이다. 말 멈추기는 목소리를 낮춰 다시 대화를 시작하기 위한 좋은 도구가 된다. 침묵했다가 조용히 다시 들어가는 것이다. 이성을 되찾아야 할 때 쓸 수 있는 유용한 방법이다.

> **Tip**
>
> **분노를 다루는 요령**
>
> 직장에서 분노를 다루는 방법은 여러 가지이다.
>
> - 침착하고 확고한 태도 보이기
> - 상대보다 낮은 목소리를 유지하여 상황이 고조되지 않도록 하기
> - 잠시 말을 멈추고 상대가 진정하도록 한 후 낮은 목소리로 말을 시작하기
> - 분노의 말은 이성에 기반하지 않는다는 점을 인식하기
> - 물리적 안전이 위험한 상황이라면 이성적 대화를 뒤로 미루고 도움을 청하기

객관화하고 공간 침범을 삼가기

앞에서 우리는 비언어적 의사소통에 대해 알아보면서 대화를 객관화하고 공간 침범을 최소화할 수 있는 방법을 살펴보았다. 세 점 시선을 포함한 여러 가지 전략들은 분노가 계속 상승하지 않도록 막아주는 역할을 한다.

안전을 확보하기

흥분한 상대와 대화하면서 이성을 유지하기 위해 여러 방법을 동원해도 결국 상대의 비이성적 행동을 제어하지 못하는 경우가 생긴다. 물리적 공격을 당하는 일도 있다. 그럴 위험이 있다 싶으면 주변에 도움을 청하고 더 이상의 대화는 뒤로 미뤄야 한다.

슬픔을 마주하는 법

직장 내의 눈물이나 슬픔 앞에서 어찌할 바를 모르는 사람들이 많다. 자기 앞에서 누군가 울음을 터뜨리면 불편한 마음뿐이다. 본능적으로 상대의 울음을 그치게 하려고 하지만 이는 상대를 보살피려는 마음보다는 불편함에서 벗어나려는 마음 때문이다. 상대의 슬픔을 인정하고 존중해야 하는데도 말이다.

직장에서의 슬픔과 눈물에 대해 생각할 때는 동정과 공감의 구분이 필요하다. 뒤에서 더 설명될 테니 여기서는 간략하게 짚고 넘어가자. 동정은 '안됐다', '그런 일을 겪게 되어 유감이야'라는 의미이다. 동정 아래 숨은 메시지는 '내가 아니라 너여서 다행이야'이다. 반면 공감은 상대의 감정과 자신을 연결하는 모습이다. '정말 힘들다는 걸 알겠어' 혹은 '얼마나 마음이 아플지 이해할 수 있어'라는 의미가 전달된다.

눈물은 나약함이 아닌, 인간다움의 상징이다. 위대한 지도자들도 눈물을 통해 열정과 두려움, 공감을 표현하지 않는가. 우리도 그 모습을 보며 눈물을 흘리고 말이다. 상대의 솔

Tip

슬픔을 다루는 요령

직장에서 슬픔과 마주했을 때에는 다음 사항을 기억하라.

- 상대의 울음을 그치게 하려 하지 말고 실컷 울도록 하라.
- 눈물 닦을 휴지를 건네는 것은 '울어도 괜찮아'라는 의미의 공감 몸짓이다.
- 말은 "괜찮아" 정도로 그쳐라.
- 아무 말도 하지 않고 기다리면 상대가 먼저 말을 시작할 것이다.
- 공감을 통해 상대의 행동을 인정하고 존중하라. "정말 상처를 많이 받았군"과 같은 공감의 말을 건네라.

직한 감정을 봄으로써 언어만으로는 이룰 수 없는 유대가 형성된다. 부끄러움과 취약성에 대해 연구한 전문가 브렌 브라운에 따르면 취약성 능력이야말로 충만한 삶을 살기 위한 열쇠라고 한다. 동료로서 당신은 눈물과 슬픔을 그대로 인정해야 한다. 상대의 감정 표출을 두려워하지 말라. 그 상황에서 당신 자신의 인간성이 드러나 보이는 것을 꺼리지 말라.

Note

- 분노하는 상대와 대면하면 목소리를 낮추고 잠시 대화를 멈추며 화제를 객관화하라.
- 상대가 눈물을 흘리면 마음껏 울도록 하고 공감의 말을 전하라. 눈물은 나약함이 아닌 인간성의 상징임을 기억하라.
- 감정 없는 리더가 되려 하지 말라. 어차피 그건 불가능한 일이다!

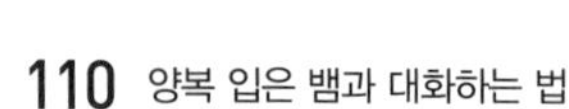

advice 불편한 상황을 바라보는 심리학&행동과학적 관점

렌터카 업체인 에이비스Avis 사장을 지낸 로버트 타운센드는 "훌륭한 관리자는 갈등을 제거하려 들지 않는다. 다만 그 갈등으로 직원들이 에너지를 낭비하지 않도록 한다. 직원들이 당신이 틀렸다고 생각할 때 당신 앞에서 거리낌없이 공격해온다면 훌륭한 일이다"라고 하였다.

격한 감정은 직장에서 종종 마주치는 상황이다. 사람들은 하루 동안에도 온갖 감정을 경험하게 마련이다. 격한 감정을 다루기 위한 첫 단계는 무시가 아닌 인정이다. 그 감정이 처리되어야 한다는 점을 인정함으로써 당신은 상황을 더 잘 예측하고 통제할 수 있으며 모두를 존중하면서 결과에 도달하게 된다.

행동과학자의 시각

구성원들이 격한 감정을 공식적, 건설적으로 해결하는 부서를 알고 있는가? 아마 그 부서는 분명히 일도 잘하고 실적도 좋을 것이다. 혁신적이고 활기찬 부서와 기업은 상대의 믿음에 의문을 제기하고 평형 상태를 깨뜨려 성취를 이뤄낸다. 그 과정에서 고통이 수반될 수밖에 없다.

직장 구성원들은 서로를 더 많이 신뢰해야 한다. 서로를 자극하고 때로 분노하게 하더라도 지붕이 내려앉지 않을 정도의 신뢰 말이다. 서로의 감정이 다칠까 봐 발뒤꿈치를 들고 살금살금 걸어다니는 조직과 부서가 너무도 많다. 이는 "당신을 신뢰하지 않아"라고 말하는 행동이다. 이래서는 성과를 낼 수 없다.

심리학자의 시각

분노를 표시하고 격한 감정을 통제하는 일은 피할 수 없다. 그러니 자신과 남들의 감정을 어떻게 처리하면 좋을지 알고 있어야 한다. 분노는 상처받은 느낌, 가치를 인정받지 못했다는 느낌에서 주로 시작된다. 자기 말에 아무도 귀를 기울여주지 않는다고, 자기 의견이 무시당한다고 느끼는 것이다. 탁월한 리더와 관리자는 중요한 순간에 말해진 것뿐 아니라 말해지지 않은 것까지 들는 능력이 있다.

최근에 누군가가 당신에게 분노나 두려움을 표출했던 일을 떠올려보라. 그 감정의 이유는 무엇이었나? 어째서 그 사람이 상처받고 가치를 인정받지 못한다고 느끼게 되었나? 그 감정을 이해한다는 말을 어떻게 하면 좋을지 연습해보라. 그렇게 말하고 나면 함께 해결책을 찾을 수 있다.

컨설턴트의 시각

감정에 대해 논의할 때마다 나는 자꾸만 판단으로 빠져버린다. 우리는 격한 감정을 그대로 받아들이기보다는 비판하라고 배웠기 때문이다. 직장에서나 가정에서나 우리는 격한 감정을 일단 나쁘다고 생각하며 그 감정에 접근하곤 한다.

격한 감정에 제대로 대처하기 위한 첫 단계는 그것이 지극히 정상적이고 인간적인 일이라고 여기는 것이다. 비판하지 말고 받아들여라. 감정에는 이유가 있다. 감정이 더욱더 고조되기 전에 가능한 한 빨리 이유를 알아내라. 스스로의 감정에 귀 기울이고 반응하지 않으면 점점 더 커진다. 직원의 감정도 마찬가지이다. 판단해야 할 것은 감정이 아닌 행동이다.

17

저항하는 상대와 대화하는 법

20년 후 당신은 했던 일보다 하지 않은 일 때문에 더 안타까워할 것이다.

– 마크 트웨인Mark Twain

세상이 바뀌고 있다고 느낀 적이 있는가? 세상은 바뀌고 있고 그것도 아주 빠른 속도로 바뀐다. 지금처럼 인간이 유연하고 빠르게 움직이며 변화를 뒤따라가는 시대는 일찍이 없었다. 지난 6개월 동안 당신이 속한 조직도 분명 큰 변화를 겪었을 것이다. 아니, 늘 변화하는 상태라고 하는 것이 더 정확할지 모른다. 두려워 말라. 이제는 변화가 예외가 아닌 정상 상태이기 때문이다.

세상이 빨리 변하면서 5개년 계획이란 말은 사라졌다. 당장 열두 달 후의 비즈니스 세계가 어떨지도 모르는데 5년 후를 어찌 알겠는가. 일상적인 변화를 잘 처리하는 것을 넘어서 잘 주도하는 유연한 조직만이 정상에 설 수 있다.

하지만 실행은 말처럼 쉽지 않다. 인간은 변화에 저항하는 기질을 타고났기 때문이다. 우리 신체는 항상성이라는 안정 상태를 유지하도록 만들어졌다. 체온, 체중, 혈당 수치, 신진대사, 호르몬 균형 등이 항상 일정하게 유지되게끔 하는 것이다. 결국 우리는 유전적으로 큰 변화에 저항하고 항상성을 유지하려 애쓰게 만들어져 있는 셈이다.

변화에 대한 또 다른 내적 장벽은 아는 것, 익숙한 것을 지키려는 충동이다. 불확실성은 두뇌의 생존 본능에 커다란 위협이다. 두뇌는 알지 못하는 영역에 대해서는 어떻게 해야 할지 몰라 혼란을 겪는다. 그리하여 결국 최대한 변화에 저항하고 안정 상태를 유지하려 한다. 현 상황이 전혀 만족스럽지 않더라도 그렇다. 모르는 대상이 그저 두렵기 때문이다.

숨 가쁘게 변화하는 직장 환경에서 당신은 아마 저항과 마주친 경험이 이미 있을 것이다. 이제 우리는 사람들을 저항에서 끌어내 성장을 향해 걸음을 내딛도록 만들 대화의 요령을 다루려 한다. 이 접근법의 핵심은 효과적인 자기주장이다. 우선은 문제되는 행동부터 구체적으로 살펴보자.

상대의 저항을 키우는 말

남들의 변화를 이끌어내기 위한 핵심은 저항 행동을 풀어주는 것이다. 저항 행동은 다양한 모습으로 나타난다. 발뒤꿈치를 질질 끌며 억지로 움직이는 것일 수도 있다. 필요한 만큼 동기가 부여되지 않아 굼뜬 행동을 보이는 것이다. 업무 흐름, 역할, 부서 내 역학 관계, 구조조정 등 변화를 겪으면서 저항 행동이 나타나는 일이 많다.

저항은 "듣기에는 좋은 아이디어지만……" 혹은 "제가 악역을 맡아 말씀드리자면……"과 같은 언어로 표현되기도 한다. 아직 충분히 납득이 가지 않았고 더 많은 정보나 구체적 지침이 필요하다는 표시이다.

저항 행동을 만났을 때 우리는 변화를 옹호하려는 성향을 보인다. 온갖 이유를 대 저항감을 가질 필요가 없다고 설득하는 것이다. 하지만 아무리 그럴듯한 이유를 댄다 하더라도 그런 대화는 상대의 저항을 한층 키울 뿐이다. 상대는 자기 말이 충분히 전달되거나 이해되지 못했다고 느끼기 때문이다. 자기 입장에서 상대를 설득하려다 결국 상대가 한층 완고해지는 것을 당신도 본 적이 있지 않은가?

case study 자기 입장을 방어하는 것보다 중요한 것

주간 부서 회의에서 부서장인 섀넌은 모든 부서원들이 현재 어떤 일을 진행하고 있는지 서로 알려주어야 할 필요성을 강조했다. 그래야 누군가 휴가를 쓰거나 자리를 비워도 다른 부서원이 고객을 응대할 수 있을 것이니 말이다. 그래서 그다음 주 회의부터는 각 부서원이 자기 업무를 설명하는 순서를 넣자고 제안했다.

빌리는 자기 업무를 동료들에게 설명하는 것은 안 그래도 업무가 바쁜 상황에서 시간 낭비일 뿐이라고 저항했다. 섀넌은 빌리에게 다시 자기 의도를 설명하면서 부서원들의 협력이 업무 효율성을 훨씬 올릴 수 있다고 설득했다. 빌리도 한층 더 자기 의견을 주장했고 대화는 곧 입씨름으로 변했다. 두 사람은 각자의 생각만을 반복했다.

회의가 끝난 후 섀넌은 자기 입장을 방어하려 했던 것이 잘못이었음을 깨닫고 다시 빌리를 찾아가 침착한 태도로 빌리의 입장과 생각을 들었다. 그러자 빌리도 최근 까다로운 고객 때문에 힘든 상황이었다면서 안 그래도 초과 근무를 하

고 있는데 회의가 길어지면 부담스럽다고 설명했다. 솔직한 대화를 나누며 두 사람은 빌리의 까다로운 고객 문제를 어떻게 처리할지 논의했고 당분간 빌리에게 새 업무를 맡기지 않기로 했다. 그러자 빌리도 자기 업무에 대해 부서원들이 아는 것이 좋겠다면서 섀넌이 제안한 회의에 참석하겠다고 했다.

결국 이들은 자기 입장을 방어하기보다 상대의 저항 이유를 밝혀냄으로써 직장의 저항 행동을 극복해낸 것이다.

저항하는 데는 다양한 이유가 있다

변화를 싫어하는 우리의 내적 성향 외에도 저항 행동을 하는 이유는 여러 가지이다. 과거에 동일한 시도를 했다가 실패한 경험이 있어서, 혹은 변화가 자기 업무를 위협할 것이라고 생각해서 두려워할 수도 있다.

변화가 업무에 관련될 때 특히 저항이 거세게 일어난다. 자기 역할이 변화하거나, 업무량이 늘어나거나, 자기가 하던 일을 다른 사람에게 넘겨야 하거나, 지금보다 더 많은 책임이 부과될 때 사람들은 본능적으로 반응한다.

이는 많은 사람이 일을 통해 정체성을 형성하기 때문이다. 자신이 누구인지는 어떤 일을 하는 사람인지에 따라 결정된다. 누군가를 처음 만났을 때 가장 먼저 나오는 질문이 "어떤 일을 하시나요?"가 아닌가. 일은 사람들이 자신을, 그리고 자신이 자신을 바라보는 방식과 직결된다. 그러니 직업이나 직무, 책임 범위가 달라질 때 저항이 거센 것도 당연하다.

저항은 업무 안정성이 떨어질 때도 나타난다. 직업과 재정 상황이 생각했던 것보다 취약하다고 드러나면 그 어느 때보다 강력한 방어 본능이 발현된다. 심리학자 매슬로는 인간 욕구를 단계별로 제시했다. 가장 아래쪽 욕구부터 차례로 충족시키게 된다는 이론이었다.

매슬로의 욕구 단계

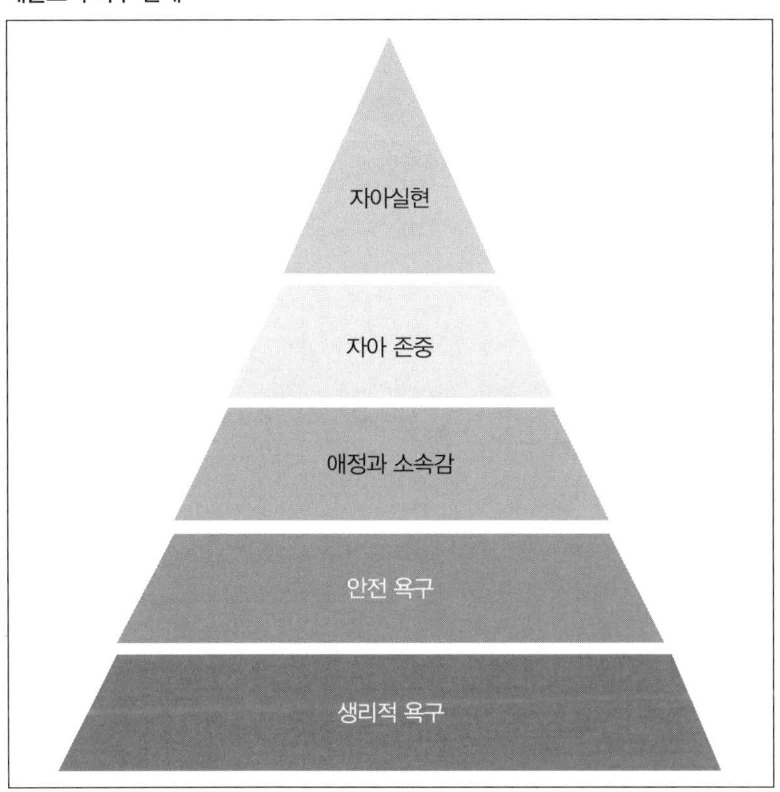

이 이론에 따르면 자신과 가족에게 음식 및 보금자리를 제공하는

능력은 일차적인 욕구이다. 이 욕구에 위협이 닥치면 본능적으로 저항할 수밖에 없는 것이다. 이와 관련해 이성적으로 전체적 상황을 판단하기란 불가능하다.

한 단계 위쪽으로 올라가면 애정과 소속감의 욕구가 있다. 직장에서 우정을 나누고 유능한 일원임을 인정받음으로써 충족되는 욕구이다. 직장에서 변화가 일어나 부서 내 역학관계가 바뀌고 중요한 인간관계에 영향을 미친다면, 그리하여 애정과 소속감을 위협한다면 이에 저항하는 것은 당연해진다.

다음 단계는 자아 존중과 자아실현으로 과업을 능숙하고 훌륭하게 완수할 수 있다는 자신감과 관련된다. 자신의 일에서 이런 측면을 특히 중시하는 이들도 있다. 이 욕구가 위협받을 경우에도 저항 반응이 나타난다.

저항 행동에 이처럼 다양한 이유가 있다는 점을 이해하고 나면 더 넓은 맥락에서 상대의 행동 이면을 바라보게 된다. 이해를 한다고 해서 그 행동을 받아들이라는 것은 아니다. 다만 이해를 통해 더 잘 대처할 수 있다.

잠시 나의 생각을 포기해야 한다

저항 행동을 다루는 첫 번째 전략은 일단 상대 입장에 서는 것이다. 저항할 필요가 없는 이유를 나열하고 설득하는 것은 금물이다. 이런 설득은 구매 의사가 없는 사람에게 구매를 강요하는 세일즈와 같다. 너무 몰아붙이면 상대의 저항은 한층 강해지기만 한다. 이렇게 상대 입장에서 서는 일은 쉽지 않다. 분명 자신이 옳다고 생각하면서도 잠시 그 생각을 포기해야 하기 때문이다. 그리고 자존심을 버리고 일이 되도록 만들어야 하기 때문이다. 섀넌과 빌리의 사례를 보면 섀넌의 제안이 충분히 타당했음에도 결국 자기 입장을 고수하지 않기로 했을 때에야 빌리와 대화가 가능했다. 자존심을 포기함으로써 진짜 문제와 장벽이 드러났던 것이다. 거기서부터 해결의 실마리가 풀렸다.

목표는 저항하는 상대가 변화를 수용하도록 만드는 것이다. 그러자면 입장을 굽히고 상대의 생각부터 듣고 인정해야 한다. 상대 입장을 이해하는 것이 반드시 동의를 뜻하지는 않는다. 이 점은 꼭 기억할 필요가 있다. 동의하지 않더라도 이해하는 능력은 특히 관리자에게 중요하다. 상대가 충분히 이해받았다고 느끼게 만드는 공감에 대해서는 이후 다시 설명하겠다.

이도 저도 선택하지 못하는 상황이 저항 행동을 낳기도 한다. 아직 최종 결정을 내리지 못해 어느 방향으로 가야 할지 모르는 불안한 상태는 오래 지속되기 어렵다. 유능한 사람은 바로 이런 상태의 상대방을 격려해 결정을 내리도록 해준다. 상대의 모순을 드러내 보여주는 것이 방법이다. 말과 행동 사이의 괴리를 강조할 수도 있다. 예를 들어 "새 부서에서 일하기로 했다고 들었는데 어째 아직 제대로 시작하지 않은 느낌이군요. 무슨 일이 있나요?"라든지 "이 프로젝트에 참여하겠다고 말한 것을 기억하는데 실제로는 참여하지 않고 있군요. 해결해야 할 문제가 있나요?"와 같이 질문을 던지는 것이다.

이는 관리자가 불확실성 앞에서 주저하는 직원과 반드시 나눠야 하는 종류의 대화이다. 스스로의 모순과 괴리를 깨닫게 된 직원은 최종 결정을 내릴 수 있다.

저항을 다루는 일은 쭈뼛거리는 상대와 함께 왈츠를 추는 것과 비슷하다. 춤의 묘미는 이끌고 따르는 데 있지만 상대가 저항한다면 일단 상대의 동작에 맞춰주다가 점차 저항이 줄어들면 슬슬 다시 이끌어주는 편이 효과적이다. 자신감 있게 상대를 이끄는 일이 중요하긴 하지만 억지로 끌어당겼다가는 다음 두 가지 결과가 빚어진다.

- 끝내 마음 내켜하지 않는 파트너와 춤춰야 한다.
- 힘든 일은 모두 당신이 도맡아야 한다. 이래서야 어디 춤이 즐겁겠는가!

- 문제는 당신이 아니다. 사안이 문제이다.
- 저항의 태도는 왈츠를 추듯 부드럽게 다뤄야 한다. 당신은 때로 리드하고 때로 뒤따르게 된다.
- 상대방 마음속의 모순과 괴리를 드러내 보여라.

18

방어 행동의 중심에는 두려움이 있다

방어가 인간의 본능적 행동 중 하나라는 점은 앞에서 이미 언급했다. 동물들은 다른 선택이 불가능한 경우 혹은 행동에 심각하게 제약을 받을 때 방어적으로 움직인다. 직장에서는 막다른 골목에 몰려 탈출구가 없을 때 방어 행동이 나타난다. 인간도 결국 동물과 비슷하다. 이빨을 드러내며 으르렁거리지만 않을 뿐이다.

방어 행동의 중심에는 두려움이 있다. 알지 못하는 것, 불안한 미래, 선택 가능성 박탈이 낳는 두려움이다. 그런데 직장에서 방어적으로 나오는 직원들에게는 다른 외적 요소가 있을지도 모른다. 그 직원이 식구들의 생계를 책임지는 유일한 사람으로 식구들이 그의 월급에 철저히 의존하고 있을 수도 있다.

방어 행동이 위협이나 공격에서 스스로를 지키기 위해 나온 것이라면 두려움이라는 요소를 줄여주려는 노력이 필요하다.

❙ 두려움을 자신감으로 바꾸기

리더의 세 가지 핵심 능력 중 하나가 두려움을 자신감으로 바꾸는 능력이라고 한다. 저항과 방어, 고집은 모두 두려움에서 나오는 경우가 많다. 확신, 특히 리더의 확신처럼 금방 전염되는 것도 없다. 물론 그저 막연한 낙관론이 아닌, 진실되고 신뢰할 만한 확신이어야 한다. 변화와 불확실성 앞에서도 리더가 자신감 있게 말하고 행동한다면 직원들은 바로 믿고 따르게 된다. 두려움을 자신감으로 바꾸려면 어떻게 해야 할까? 다음 세 가지 방법이 있다.

1) 길을 분명히 보여주기

두려움을 자신감으로 바꾸는 첫 번째 방법은 분명하고 설득력 있게 미래의 전망을 설명하는 것이다. 마음 속 청사진을 갖고 있으면서도 제대로 설명하지 못하는 리더들이 참으로 많다. 불확실성 앞에서는 쉽게 두려움이 생겨나는데도 말이다. 모두가 확신을 갖고 같은 방향에 초점을 맞추려면 상세한 설명이 필요하다. 장기 전망의 목표와 내용, 방법을 알려라. 한 단계 더 나아가 구두 설명에 그치지 말고 업무 흐름도나 실행 모델 등 시각 자료를 제시하라. 지금 어디에 있고 향후 어디로 가야 하는지, 이를 위해 무엇을 해야 하는지 직원들이 이해하는 데 한층 도움이 될 것이다.

2) 감사함부터 표현하기

감사는 인간의 모든 감정 중에서 가장 건강하다고 한다. 건강하고 신뢰하는 관계를 유지하려면 감사의 힘을 잘 활용할 필요가 있다. 직원들의 특정 과업이나 역할 수행을 당연히 여기는 대신 감사를 표하라. 감사를 통해 자신감이 소통된다. 자신이 하는 일에 감사 인사를 받은 직원들은 자신감이 커질 테니 말이다!

3) 긍정적으로 강화하기

10미터 다이빙대 끝에 서 있다고 느끼는 사람을 비판하고 몰아붙인다면 상대는 두 번 다시 그 자리에 서지 않을 것이다. 어떻게든 저항하고 회피할 것이 뻔하다.

직장에서 새로운 업무를 맡는 것은 정말로 다이빙대에 서는 기분이다. 이럴 때는 격려와 칭찬을 해야 불안감에 주저앉지 않고 도약을 결심하게 된다. 이를 통해 장기적인 자신감도 생겨난다. 작은 성공에 대해서도 신속히 보상하라.

Note

- 직원들이 두려움을 버리고 확신을 갖도록 해야 성공이 가능해진다. 당신의 시각을 공유하고 직원들 입장에서 확신의 말을 던져라. 상대의 장점과 성취에 초점을 맞춰라.

19

완고한 행동 앞에서 기억해야 할 것

일마다 잘 어울리는 성격이 따로 있다. 원칙을 잘 지키고 완벽주의 성향으로 꼼꼼히 일하는 사람이라면 세금 신고, 비행기 운항, 수술 등에 적합할 것이다. 하지만 변화와 혁신, 창의성과 문제 해결이 요구되는 업무 환경이라면 이런 사람이 어울리지 않는다. 그런 환경에서 세부에 집착하다간 멀리 뒤떨어지기 십상이다.

완고함이라는 성격 특성도 어떤 경우에는 긍정적으로 작용하지만 다른 경우에는 부서 업무에 피해를 입히게 된다.

| 자신을 닫아버리는 사람

완고한 행동을 보게 되었다면 완고함과 표현력이 반비례한다는 점부터 기억할 필요가 있다. 다시 말해 자기 생각을 말로 표현하는 법을 모르기 때문에 의견을 바꾸지 못하고 완고하게 행동하는 것이다. 표현력이 떨어져 의사소통이 원활하지 않으므로 아예 자신을 닫아버린다고도 할 수 있다.

완고한 행동 앞에서는 다음 세 가지를 기억하라.

1) 당신을 향한 것이 아니다

완고함을 사적 감정으로 받아들이지 말라. 상대는 당신에게 화가 난 것이 아니다. 그럼에도 완고한 사람을 만났을 때 우리는 저절로 그 방향의 내적 대화를 시작하고 이것이 또 다른 걸림돌을 만들어낸다. 상대의 완고함은 당신과 만나기 훨씬 전부터 있어왔던 성격 특성이다. 다시 한번 강조하지만 상대의 태도는 당신을 향한 것이 아니다.

2) 상황부터 파악하라

당신과 상대 모두가 사안이나 전략을 동일하게 이해하고 있는지부터 확인하라. 완고함은 대화(내적 대화와 외적 대화)와 관련되는 경우가 많으므로 양쪽의 생각부터 점검해야 하는 것이다. 어쩌면 지금까지 두 점 시선 소통 방식만을 사용해온 것은 아닐까? 음성을 통해 정보를 학습하는 비중은 고작해야 20%밖에 되지 않는다고 한다. 세 점 시선 소통을 위해 시각 매체를 활용하여 당신과 상대가 함께 바라볼 지점을 만들어라. 우리 경험으로는 화이트보드가 가장 좋지만 종이 한 장도 도움이 된다. 서로의 생각과 목적이 분명해지는 것만으로도 완고함이 극복되는 경우가 꽤 있다.

앞에서 살펴본 사례에 등장한 섀넌과 빌리가 부서 회의에서 격한 토론을 벌인 것은 두 점 시선 소통 상황이었기 때문인지도 모른다. 두 사람은 서로를 응시하며 자기 입장을 지켜내야 한다고 생각했다. 반면 회의 이후 두 사람만 만났을 때에는 종이에 핵심 사안을 적어가며 세 점 시선 의사소통이 이루어졌고 결국 합의할 수 있었던 것이다.

3) 자신을 점검하라

완고한 상대 앞에서 흥분하고 화내는 것은 사태 해결에 도움이 되기는커녕 사태를 오히려 악화시킬 뿐이다. 완고한 태도 앞에서 당신이 신체적, 감정적으로 어떻게 반응하고 있는지 신경 써서 확인하라. 침착함을 유지해야 한다. 예의를 갖추고 다정하게 말을 건네라. 당신이 하는 행동이 곧바로 상대에게 반영된다는 점을 잊지 말라.

지금까지 살펴본 저항, 방어, 완고 행동을 처리하기 위한 방법은 무엇일까? 핵심은 효과적인 자기주장이다.

20

공감은 그저 굴복하는 것일까?

자기주장은 당신의 필요와 의견을 내세우는 것이다. 여기에는 대가가 따른다. 상대를 압박하여 주장을 전달하는 것이기 때문이다.

자기주장 대화에서 상대의 필요도 고려한다면 윈-윈 게임이 될 수 있다. 자기 생각, 아이디어, 필요를 내세울 뿐 아니라 상대의 시각을 고려하는 것이 중요하다.

전통적인 자기주장 이론에서는 주인의식이 지나치게 강조되어 왔다. '나는', '내가', '나를'과 같은 표현을 주로 사용하게 하여 유약한 사람이 작은 폭군으로 돌변하도록 만들었던 것이다. 그러나 우리는 자기 필요를 내세우는 것 못지않게 공감이 중요하다는 점을 강조하고자 한다. 자신의 필요 내세우기와 공감이 함께 합쳐지면서 진정한 자기주장이 가능해지기 때문이다. 이를 공식으로 표현하면 다음과 같다.

자기주장 = 공감 + 자기 필요 내세우기

스티븐 코비의 말을 빌면 '먼저 이해할 방법을 찾고 그다음에 이해받는 것'이라 하겠다.

먼저 이해할 방법을 찾아라

누군가에게 완벽하게 이해받았다는, 상대가 내 느낌과 생각을 완벽하게 공유했다는 느낌을 가져본 적이 있는가? 바로 그것이 공감이다. 남의 마음과 감정을 인식하고 이해하는 능력 말이다. 남의 입장이 되는 능력이라고도 할 수 있다. 물론 남의 시각을 완벽하게 이해하기란 불가능하다. 하지만 공감을 잘한다면 평균보다 더 분명하게 이해하는 수준에는 도달하게 된다.

공감과 쉽게 혼동되는 것이 동정이다. 동정과 공감 모두가 무관심에 반대되기 때문인 것 같다. 관심이나 배려의 결여 상태인 무관심과 달리 동정과 공감은 모두 관심이 있는 상태이다. 하지만 그 관심의 뿌리가 서로 다르다.

동정은 상대가 잘되었으면, 행복했으면 하고 바라는 마음이다. 흔히 '불쌍해하는' 것으로 표현된다. 동정의 밑바탕에는 '내가 아니라서 다행이야' 혹은 '나도 예전엔 그랬는데'라는 생각이 있다. 즉 동정은 자기중심적이다. 동정이 나쁜 감정이라는 뜻은 전혀 아니다. 다만 그 핵심을 파고들어볼 때 동정은 남이 아닌 나 자신을 중심에 두는 감정임을 분명히 하고 싶을 뿐이다.

동정에 비해 공감은 상대의 감정을 나눠야 가능해지는, 더 깊은 이해 단계이다. 상대의 상황을 내 입장처럼 느끼는 것이다. 감정적으로 상대를 읽어내고 그 이해를 전달할 수 있어야 공감이 가능하다.

공감은 그저 굴복하는 것일까? 공감하는 사람이 되면 모두들 나를 함부로 대하게 되는 걸까? 이런 질문이 떠오른다면 다시금 공감에 대한 생각을 돌이켜보자. 공감은 만만한 존재가 되는 것과는 거리가 멀다. 상대의 감정을 이해하고 거기에 자신을 연결하는 문제이다. 공감은 단순하기는커녕 가장 어려운 일 중 하나이다. 직장에서 공감이 중요한 이유는 다음과 같다.

- 공감하는 사람은 고객, 동료, 상사 등 다른 사람의 필요를 인식하고 충족시키는 데 뛰어나다.
- 리더는 재능 있는 사람의 필요와 열망을 이해하고 북돋아야 한다(기업의 성공은 재능 있는 직원들에 달려 있다).
- 서로 다른 문화 간에는 늘 오해와 불완전한 소통 문제가 존재한다. 여기서 중요한 것이 공감 능력이다(글로벌 시대에 이 능력은 점점 더 중요해지고 있다).

무관심, 동정, 공감의 차이는 다음과 같이 한 문장으로 정리할 수 있다.

- 무관심은 '네가 어떻게 느끼든 상관하지 않겠어'이다.

- 동정은 '넌 참 불쌍하구나'이다.
- 공감은 '오늘 정말 기운이 우울해 보이는구나'이다.

공감의 전형적 특징은 다음과 같다.

- 진심: 사람들은 거짓과 허위를 단번에 구별해내는 능력을 지녔다. 진심을 담지 않고 그저 남들을 이해하는 척한다면 상대는 바로 알아차릴 것이다. 상대에게 진정한 관심을 가져라. 왜 그런 관심을 갖는지 드러내 밝힐 수도 있어야 한다.
- 호기심: 상대의 상황에 대해 조금 더 알게 된다면 더 깊은 수준의 공감에 도달할 수 있다.
- 드러냄: 상대의 말을 들으면서 공감하는 마음이 생겼다 해도 보고 듣고 느낀 것을 입 밖에 꺼내 말하지 않으면 소용없다. 상대는 당신의 공감을 느끼지 못할 것이고 이 경우 긍정적 효과는 기대할 수 없다.

공감 언어의 올바른 사용법

공감은 언어를 통해 표현된다. 하지만 안타깝게도 생각과 언어 사이에는 적잖은 괴리가 있다. 상대의 반응과 감정을 잘 느꼈다 해도 제대로 소통하지 못하는 경우가 많다.

개인 중심의 성취를 강조하는 현대 사회의 분위기가 문제이다. 우리는 개인의 성공을 첫 번째로, 사회나 공동체는 둘째로 두는 문화에 살고 있다. 입시나 스포츠, 취미 활동 모두가 마찬가지다. 공동체를 중심에 뒀던 과거에 공감의 문제가 거의 없다시피 했던 것과는 참으로 대조적이다.

공감의 말을 해보라고 질문하면 “나도 알겠어” 혹은 “나도 이해할 수 있어”라는 대답이 대부분이다. 공감을 말하면서도 ‘나’를 중심으로 두는 어처구니없는 상황인 것이다! 임상 자료를 바탕으로 정리한 일차적 공감 언어와 이차적 공감 언어를 살펴보자.

일차적 공감 언어

진정한 공감을 담은 말들이다. 다음은 공감적 질문의 예이다.

- 그 일이 네게 어떤 영향을 미쳤지?
- 지금 상황에 대해 어떤 느낌이 들어?
- 그 결정에 대해 어떤 기분이야?
- 그 일에서 네 입장은 뭐야?
- 그 밖에 또 하고 싶은 말이 있니?

다음과 같이 공감적 문장을 만들 수도 있다.

- 기분 상한 것처럼 보여.

- 넌 혼란스러워하는 것 같아.
- 불안해하는 느낌이야.
- … 때문에 프로젝트를 마치지 못해 속상했겠구나.
- 정말 힘든 시간이었겠다.
- 최근에 퍽 힘든 상황이었구나.
- 얼마나 고통스러웠겠니.
- 그 계획이 마음에 들지 않는다는 표정이네.

일차적 공감 언어의 공통된 특징은 '나'에 초점을 맞추지 않는다는 점이다. 이로써 당신 자신이 아닌 상대에 대해, 혹은 사안에 대해 효과적인 대화가 가능해진다.

이차적 공감 언어

이차적 공감 언어는 일단 대화가 시작된 이후에 사용된다. 일차적 공감이 교환된 후 이차적 공감 언어가 효과를 발휘할 수 있다.

이차적 공감 언어로는 우선 평가적 언어가 있다.

- 이 얘기 털어놓기가 얼마나 힘들었을지 알겠어.
- 정말 두려웠을 거라는 걸 충분히 이해해.

확인을 위한 말도 있다.

- 내가 틀렸다면 바로잡아줘.
- 내가 제대로 이해한 거야?

공감 개념을 깊이 이해하고 공감 언어를 사용한다면 실제 공감하는 모습을 제대로 보여줄 가능성이 크다.

Note

- 저항하는 상대를 강제로 움직이고 싶은 충동을 억눌러야 한다. 공감의 힘을 활용해 상대의 필요와 당신의 필요를 결합하라.
- 먼저 상대를 이해하려 하고 다음으로 이해를 구하라. 자기주장 대화에서는 공감을 핵심 요소로 활용해야 한다.

21

한없이 예의를 차리거나 막무가내로 밀어붙이거나

지금까지 자기주장 방정식의 공감 부분을 살펴보았다. 이제 자기 필요 내세우기 부분을 살펴보자. 자기주장에 대한 기존의 거의 모든 접근들이 초점을 맞춰왔던 부분이다.

상대를 강압하고 싶지 않은 마음에 자기 필요를 제대로 전달하지 못해 자기주장이 모호해지는 경우가 드물지 않다. 자기주장이란 한없이 예의를 차리는 것도 아니고 막무가내로 밀어붙이는 것도 아니다. 효과적이고도 명확해야 한다. 다시 말해 양측의 '윈-윈 결과'를 위해 최선의 기회를 만들어내는 것이다.

자기 필요를 내세우는 요령

까다로운 대화에서 자기 필요를 내세울 때는 두 가지가 중요하다.

자신의 필요와 욕구를 명확히 하기, 그리고 주장의 강도를 명확히 하기가 그것이다.

자신의 필요와 욕구를 명확히 하기

대화 참여자들이 충분한 이해를 하지 못하거나 잘못 해석할 경우 의사소통 문제가 발생한다. 이를 방지하려면 당신부터 자신의 필요, 욕구, 의견을 분명히 밝혀야 하고 그러자면 자신이 원하는 바가 무엇인지 명확히 해야 한다.

필요를 내세우고 싶다면 "나는 …라고 생각해", "내 의견은 …이야"와 같은 표현을 사용하라. 일반적이고 모호한 용어는 피하라. 자기 필요를 제대로 내세우지 못하는 사람들은 "상사가 내일까지 이것이 필요하대"라든지 "규칙에 따르면 이렇게 해야 하는걸" 따위의 말을 하곤 한다. 이로써 자신과 필요를 분리하는 것이다. 당신이 무엇을 원하는지 상대에게 분명히 밝히는 것보다는 설득력이 떨어질 수밖에 없는 방법이다. 자신의 욕구를 명확히 하라. 그리고 결과를 지켜보라.

주장의 강도를 명확히 하기

까다로운 대화마다 그 중요도가 다르다. 우리는 이를 '주장의 강도'라 부르겠다. 주장의 강도는 마감 기한의 압박, 나태 혹은 조급증 등 여러 요인에 따라 좌우된다.

워싱턴대학교의 심리학 교수 마샤 리네한은 요청과 거부 상황에서 주장의 강도를 구분하는 작업을 했다. 다음 표는 리네한 교수의 연구를 재구성한 것으로 상황에 맞춰 필요 주장 강도를 어떻게 조절하면 좋을지에 대한 기준을 제시한다.

요청과 거부의 주장 강도

주장의 강도	요청의 강도	거부의 강도
강도 높음	단호한 요청, 거절은 받아들이지 않음	단호한 거부, 번복 없음
	단호한 요청, 거절 거부	단호한 거부, 번복 거부
높은 강도와 낮은 강도의 경계선		
강도 낮음	단호한 요청, 거절을 받아들임	단호한 거부, 하지만 고려 가능성은 있음
	잠정적 요청	의지 없음을 표현
	열린 힌트 요청	의지 없음을 표현하지만 응낙함
	간접 힌트 요청	망설임을 표현하며 응낙함
	요청 없음, 힌트 없음	요청받으면 모두 응함

주장의 강도가 높은 경우 아주 직접적이다. 요청이나 거부를 번복할 의사가 거의 없다. 반면 낮은 강도의 요청과 거부는 보다 협력적이고 유연하다. 강도에 따른 이런 차이는 효과적인 자기주장을 위한 바탕이 될 것이다.

지금까지 자기주장의 두 요소인 공감과 필요 내세우기를 살펴보았다. 이제 두 요소를 결합하는 방법에 대해 알아보자.

자기주장의 수수께끼 풀기

공감은 상대인 '너'에 초점을 맞춘다고 앞서 설명했다. 반면 필요 내세우기는 '나'에 초점을 둔다. 동시에 대화 속에서 '우리'에 대한 초점도 놓쳐서는 안 된다. 이 세 요소, '너', '나', '우리'를 까다로운 대화 속에 어떻게 적절히 섞어넣는지가 중요하다.

주장의 강도에 따라 세 요소의 순서는 달라진다.

주장의 강도가 낮을 때

대화가 아직 흥분 상태에 도달하지 않았을 때, 즉 협상의 여지가 아직 있을 때를 생각해보자. 중간 실적 평가 면담이나 프로젝트 업무 분장 등의 상황 말이다. 이런 경우에는 낮은 강도의 주장이 적절하다. 대화는 다음과 같은 형태로 이루어져야 한다.

공감의 말 → 자기 필요를 내세우는 말 → 문제 해결의 말

다시 말해 '너'에서 시작해 '나'로 옮겨갔다가 '우리'로 끝맺으라는 것이다. 구체적인 예를 들어보자.

- "이 프로젝트는 당신한테 아주 중요한 걸 알아.(공감) 하지만 나한테도 내 생각이 있다고.(자기 필요) 우리가 합의하지 못하면 결국 일을 망치고 말 거야. 함께 잘해낼 수 있을 일을 말이지.(해결)"

- "고객 평가가 낮아 정말 화가 났군.(공감) 부서 책임자로서 나도 기분이 좋지 않아.(자기 필요) 우리 함께 상황을 개선할 전략을 짜보자고.(해결)"

주장의 강도가 높을 때

이번에는 주장의 강도가 높은 대화를 살펴보자. 협력과 토론을 시도하며 꽤 시간이 흐른 후이다. 여러 차례 대화를 했지만 상대가 요청을 무시한 경우, 직원들의 건강과 안전에 관련된 원칙이 지켜지지 않는 경우에 강도 높은 주장이 필요하다.

이때의 대화 구조는 다음과 같다.

자기 필요를 내세우는 말 → 공감의 말 → 문제 해결의 말

강도 높은 주장에 나타난 대화의 예를 보자.

- "오늘 회의에서 내게 한 말을 듣고 화가 났어. 자신감도 떨어진 것 같아. 두 번 다시 이런 일을 겪고 싶지 않아.(필요) 당신은 이번 프로젝트에서 내 방향이 당신이 지향하는 바와 다르다고 생각하는 것 같아.(공감) 하지만 우리는 프로젝트 책임자의 생각에 맞춰 움직여야 한다고. 안 그러면 예산이 깎이고 말 거야.(해결)"
- "나한테는 이 프로젝트에 충분히 기여하는 것이 중요해.(필요) 이 일은 당신한테도 아주 중요한 일이잖아.(공감) 내 아이디어는 우

리 프로젝트 결과를 훨씬 훌륭하게 만들 수 있을 거야.(해결)"

위 사례들은 대화 수준에서 제시되었지만 현실적으로는 문장보다는 시간 안배 차원에서 세 요소를 조합해야 한다. 부서원과 10분 동안 대화를 나눈다면 3분은 공감(너)에, 2분은 필요 주장(나)에, 나머지 시간은 해결책(우리)에 쓸 수 있다.

여기서 제시한 자기주장 방법론을 통해 당신은 저항, 방어, 완고의 태도를 보이는 상대와 대화할 때 좀 더 균형 있게 접근할 수 있을 것이다. 아무리 까다로운 대화라도 공감의 요소를 넣을 수 있고 아무리 민감한 상황이더라도 당신 자기의 필요를 내세울 수 있을 것이다. 요구의 강도를 적절히 선택하고 대화 구조를 짜도록 하라. '너'와 '나'를 언급하고 '우리'로 마무리 짓는 자기주장 대화를 제대로 해낸다면 장기적 성공을 기대해도 좋다.

Note

- 어느 정도의 주장 강도가 필요한 상황인지 판단하라. 강도가 높아야 한다면 '나', '너', '우리'의 순서로, 강도가 낮아도 괜찮다면 '너', '나', '우리' 순으로 대화하라.

advice 불편한 상황을 바라보는 심리학&행동과학적 관점

미국이 대공황의 늪에 빠져들고 있던 1933년, 대통령에 취임한 루스벨트는 '두려워해야 할 유일한 상대는 두려움 그 자체'라는 말을 했다. 인상 깊은 말이지만 가능한 한 두려움에 사로잡힌 사람의 입장을 이해해주려는 노력도 필요하다. 저항, 방어, 완고의 태도는 모두 두려움에 기인하며 극복될 수 있다. 노력과 적절한 행동 전략을 통해 두려움을 용기로, 저항을 도전으로 바꿀 수 있는 것이다.

행동과학자의 시각

권위에 대한 저항은 이전 경험 혹은 문화적 맥락에서 학습된 것인 경우가 적지 않다. 예를 들어 오스트레일리아는 반권위적인 분위기가 지배적이다. 리더는 아랫사람들에게 자기 능력을 증명해 보여야 하는 존재가 된다.

이런 상황에서 리더 역할을 해내려면 자신이 인간적인 공격을 당한다거나 자존심 상한다는 식으로 생각해서는 안 된다. 또한 직원들이 방어적이라고 비판하기에 앞서 자기 자신의 행동부터 점검할 필요가 있다. 혹시 당신이 방어적 행동의 모델이 되고 있는 것은 아닌가?

심리학자의 시각

저항, 방어, 완고의 태도는 동기부여가 안 되었기 때문이라고, 따라서 동기를 부여하면 된다고 하는 사람들이 있다. 그리하여 팀 전체가 변화에 열광하도록 만들려 시도하지만 결국 팀원들은 기존의 태도를 한층 강화하고 상황은 악화되기 일쑤이다.

동기부여가 안 된 상황이란 존재하지 않는다. 그러니 저항과 완고한 태도의 동기가 무엇인지부터 찾아야 한다. 누군가 새로운 프로젝트나 과제에 저항한다면, 고객과 접촉하라는 요청을 세 번이나 했는데 여전히 듣지 않는다면 그 저항의 동기를 찾아내야 한다. 무작정 동기부여에 나서기보다는 이쪽이 훨씬 건설적이다.

컨설턴트의 시각

변화가 계속 반복되듯 저항이라는 태도도 마찬가지이다. 있고 없고가 반복되는 상황 모두를 받아들이는 것이 최선이다. 비판하지 말고 현실의 모습을 그대로 받아들이면 침착한 대처가 가능하다. 받아들이기 힘들다고? 변화를 밀어붙이면서 반응을 요구하고 기준을 세우는 일은 계속하라. 다만 속도를 내기 위해 때로는 오히려 늦춰야 한다는 점을 인정하라. 직원들이 당신의 열정을 공유하도록 하라. 저항, 방어, 완고의 태도가 지극히 정상이라는 것을 당신도 알고 있음을 전달하라. 함께 움직이기 위해 이보다 더 빠른 방법은 없다.

22

양복 입은 뱀과 맞서는 순간

첫 20분이 지나도록 그 자리의 호구가 누군지 모르겠다고?
바로 당신이다.

– 각본작가 데이비드 레비언David Levien,
브라이언 코플먼Brian Koppelman

훌륭한 포커 게임 판이 그렇듯 직장에서도 형세를 좌지우지하는 사람이 있다. 이들의 말과 행동은 일관성이 없고 표독하고 남의 기분을 흔들어대며 자존심을 건드린다. 무엇이 허세이고 무엇이 진심인지 구분하려면 참으로 피곤하다.

직장 내 감정 게임은 관심을 끄는 주제이다. 이 내용만 다루는 책들도 많다. 여기서는 까다로운 대화가 어쩌면 감정 게임의 결과일 수 있다는 측면만 다뤄보겠다. 직장의 감정 게임은 여러 피해를 낳는다. 최대 피해로 볼 수 있는 것이 직원들의 사기 저하, 생산성과 고객 만족도 하락이다. 감정 게임을 겨냥하는 대화는 참으로 까다롭다. 하지만 직장의 그 누구도 수치심을 느끼거나 겁을 먹고 주춤거리도록 내버려두어서는 안 된다.

감정 게임을 처리하기 위한 첫 단계로 가해자의 두 유형과 특징적 행동부터 살펴보자. 당신이 만약 직원들의 행동을 강화하거나 차단해야 하는 입장이라면 깊이 있는 이해를 통해 서로 다른 감정 게임에 대한 효율적 전략을 마련해야 한다.

직장 내 감정 게임의 가해자는 크게 두 유형으로 나뉜다. 악의를 지닌 유형(양복 입은 뱀)과 그렇지 않은 유형(상처 안은 생존자)이다. 두 유형 모두 어떤 대가를 치르든 자기 계획대로 밀고 나간다. 하지만 감정 게임의 종류가 다른 만큼 이에 대한 접근도 달라져야 한다.

양복 입은 뱀의 특성

첫 번째 유형은 목적에 따라 냉혹하고 악의적으로 감정 게임을 벌이는 사이코패스이다. 사이코패스 전문가인 로버트 헤어와 조직심리학자 폴 배비악은 비즈니스 업계의 사이코패스를 '양복 입은 뱀'이라 표현한다. 이 유형이 보여주는 가장 두드러진 성격적 특징은 양심 결핍이다. 사이코패스는 상처를 가하면서도 죄의식이 없고, 자기 목표를 추구하는 과정에서 주변에 피해를 주게 되어도 걱정하지 않는다. 자아가 아주 거대하고 다혈질이며 흥분을 좋아한다.

사이코패스는 감정을 처리하고 죄의식과 공감을 느끼게 하는 전두엽 일부가 제대로 작동하지 않는 상태이다. 그리하여 '상대에게 상처 입힐 수 있는 행동을 나는 왜 하고 싶을까?'라는 질문을 던지지 않는다. 그 행동이 목적에 부합하기만 한다면 '안 할 이유가 어디 있어?'라고 생각하게 된다. 사이코패스는 아주 똑똑하고 규칙을 잘 이해한 나머지 교묘히 피해갈 방법까지 찾아낸다. 다른 사람이나 상황에서 끊임없이 이익을 얻으며 취약한 상대를 먹잇감으로 삼지만 처벌받지 않고 빠져나간다. 사이코패스를 상대하는 일이 어려운 이유 중 하나는 죄의식 없는 평범한 사람이라면 도저히 불가능했을 상황에서도 태연자약하게 거짓말을 늘어놓기 때문이다.

대면하기만 하면 스스로가 한심하게 느껴지고 괜히 모든 잘못과 책임이 자신에게 있다고 생각하게 만드는 동료나 상사를 만나본 적 있는가? 애초부터 당신이 맡지도 않았던 보고서에 대한 책임을 지게 되었다든지, 누군가에게 맡긴 일이 제대로 처리되지 않은 뒤 혼자 비난을 뒤집어쓰게 되었던 적은? 이쯤 되면 전부 다 자신이 잘못한 것이라고 괜히 자책하는 지경에 이른다. 정작 책임져야 할 사람은 자기가 피해자라며 사방에 떠들고 다니는데 말이다. 이것이 바로 사이코패스를 만난 상황이다.

직장에서 사이코패스를 가려내고 대처하는 법

결코 쉽지 않다. 통계적으로 볼 때 100명 중 한 명은 사이코패스라고 하며 기업에서 승진해 올라갈수록 그 비율이 높아진다. 헤어와 배비악의 연구를 바탕으로 직장에서 사이코패스들이 보이는 행동을 정리해보자.

- 걸핏하면 당신을 한 편으로 끌어들인다. 자신의 나쁜 행동이나 부진한 실적에 무수히 많은 이유를 대면서 봐달라고 부탁한다. 그리고 그 행동을 반복한다.
- 상황에 맞지 않는 감정을 드러낸다. 대부분의 사람들과는 감정적 반응이 다르다. 예를 들어 누군가 상처받았을 때 깔깔 웃어대는 식의 어울리지 않는 감정을 드러낸다.
- 기생충처럼 행동한다. 사이코패스는 자기 노력은 별로 기울이지도 않은 채 남의 성공에는 얹히려고 하고 자기 실패에 대한 책임은 남에게 지운다.
- 능숙하게 속여 넘긴다. 거짓말을 정말처럼 교묘하게 하며 늘 자기 입장을 정당화한다.
- 필요할 때는 카리스마를 발휘한다. 원하는 것을 얻을 때까지 사무실의 모두에게 호감을 사는 매력적인 사람으로 행세한다. 일단 필요 없어진 사람은 가차 없이 친구 명단에서 삭제해버린다.
- 드러내놓고 거만하게 군다. 사이코패스는 자기 말과 행동을 내세우는 데 거리낌이 없다.
- 책임을 회피한다. 비난을 받아들이는 법이 없고 자신 아닌 다른 누군가의 잘못이라는 증거를 귀신같이 찾아낸다.
- 자주 위험을 감수한다. 지루하고 반복적인 일은 꺼려한다. 늘 새로운, 하지만 미심쩍은 새 프로젝트를 들고 나온다.
- 끊임없이 권력을 추구한다. 승진에 목을 매는데 이는 회사에 기여하고 싶어서가 아니라 높은 지위를 과시하기 위해서이다.

이 목록은 참고용으로는 훌륭하다. 하지만 한두 가지가 맞아떨어진다고 곧장 사이코패스라 보아서는 곤란하다. 제대로 된 진단은 전문가가 해야 할 것이다. 어떻든 이들 특징 중 여러 개를 한꺼번에 보이는 사람이 있다면 조금 긴장하고 조심하는 편이 좋다. 예를 들어 당신이 맡고 있던 핵심 고객을 자신이 관리하겠다고 가져간 뒤 정작 제대로 일을 하지 않고는 성실하게 업무를 수행했다고 거짓 주장을 하거나 아니면 또 다른 사람에게 책임을 넘겼는데 그 사람이 일을 하지 않았다고 거짓말하는 경우가 있다.

사이코패스는 여기서 그치지 않는다. 잡담 중에 고객 관리를 도와줘도 괜찮겠다는 말이 슬쩍 나왔다는 점을 근거로 삼아 자기 입장을 정당화한다. 아무리 심각한 사안이고 상대방이 아무리 흥분해 있더라도 사이코패스는 조금의 동요도 없이 냉정함을 유지한다. 이런 경험을 하게 되면 당신은 혼란스러운 사건들, 제아무리 심각한 상황이 빚어져도 마치 자기와는 전혀 상관없는 일이라는 듯 태연한 사이코패스의 태도와 반응에 압도된 채 마치 거미줄에 걸린 듯 꼼짝달싹 못하게 된 느낌을 받게 될 것이다.

진정한 사이코패스는 두뇌 회로 자체가 일반인과는 다르고 따라서 행동이 바뀔 가능성은 거의 없다. 감옥에 갇혀 복역한 후에도 갱생의 희망이 없을 정도이니 기업에서는 말할 나위도 없다. 사이코패스와 만났을 때 저지를 수 있는 가장 큰 실수는 그 세계에 휘말리는 것이다. 정상적 인간이라고 가정하여 상대를 파악하고 순진하게 대하며 고쳐주려고 에너지를 쏟는다면 결국 좌절과 실망, 불신이 남을 뿐이다. 이 무서운 존재들에게 대처할 방법은 딱히 없다. 하지만 고쳐주려고 시도했다가 실패했다고 해도 자책감을 가질 필요는 없다는 점을 기억하자. 사이코패스를 대하는 기본 전략은 퍽 단순하다.

- 의심되는 사람이 있다면 처음부터 고용하거나 함께 일하지 말라.
- 가능한 한 함께 엮이지 않도록 피하라.
- 함께 일하게 되었다면 사적으로 또한 업무적으로 경계를 확실히 지어두라.
- 정상적으로 행동하리라는 기대를 아예 버려라.

Note

- 양복 입은 뱀과 만났을 때 필요한 핵심 전략은 그 영향을 최소화하는 것이다. 가능한 한 그 관계에서 빠져나와라. 이게 어렵다면 상대에게 감정적으로 끌려다니지 말고 일상 업무에만 집중하라.

23

악의는 없지만 남을 괴롭히고 상처를 주는 사람의 경우

감정 게임 가해자의 두 번째 유형은 사이코패스보다는 다루기가 힘들지 않다. 이 유형도 사이코패스와 마찬가지로 자신이 원하는 것에만 관심을 집중하고 그 과정에서 남들에게 상처를 입힌다. 하지만 그들이 그렇게 행동하는 것은 악의 때문이 아니라 자기 행동의 영향력을 몰라서이다. 자신에게 몰두한 나머지 주변을 살피지 못하는 것이다. 이들은 변화의 가능성을 지니고 있으므로 그 행동 방식을 잘 관찰해 적절히 대화를 시도할 수 있는 대상이다. 이 과정을 통해 당신은 최소한 이들의 공격적 행동을 객관화하는 법을 익히게 될 것이고 잘된다면 이전과는 완전히 다른 효과적인 대화를 통해 유대를 형성할 수도 있다.

대부분의 경우 이들은 직접 남에게 상처주려는 의도가 없지만 자신의 (불안정한) 세계에 사로잡힌 나머지 공감이나 배려는 하지 못한다. 유전적 특성이 뚜렷한 사이코패스와 달리 이 유형의 행동은 과거, 특히 어린 시절에 상처받은 경험에서 기인한다. 아이일 때 괴롭힘을 당했거나 부모의 정서적 신체적 학대에 시달렸거나 하는 식으로 트라우마를 지닌 채 살아남은 식이다.

이 유형의 사람들은 사이코패스보다 훨씬 많다. 사실 우리는 대부분 이런 유형의 상사, 직원, 고객을 만나본 적이 있다(위기의 순간에는 당신도 이렇게 될지 모른다). 뒤에서 딴소리하며 죄의식을 자극하는 사람부터 수치심을 주고 주눅 들게 하여 통치하려 드는 사람까지 그 유형도 퍽 다양하다.

상처 입은 생존자가 사이코패스와 구분되는 점은 어느 시점엔가는 죄의식을 느낄 수 있고 그리하여 적절한 개입을 거치면 진정한 공감 능력을 갖추게 된다는 점이다. 상처 입은 생존자 유형은 보고서의 맞춤법 실수 같은 아주 사소한 일로 과도하게 분노하고 비난을 퍼붓다가도 바로 다음날 진심으로 실적을 칭찬할 수 있다. 업무에서는 아무 타협도 하지 않는 고집쟁이지만 사생활에서는 배려심 넘치는 박애주의자가 되기도 한다.

지금부터는 감정 게임의 이 두 번째 유형을 다루는 방법을 설명하고자 한다. 이 유형의 사람에게는 어딘가에 선한 구석이 있고 시간이 가면서 그 사람의 방어막이 걷히고 나면 그 선함이 드러나게 된다. 악한 의도 없이 남을 괴롭히고 상처를 주게 되는 이 유형에 대한 대처 방법을 알아보자.

양방향 도로

첫 번째 전략은 감정 게임 중 당신 몫에 대해서 일단 책임을 지는 것이다. 감정 게임은 양방향 도로이다. 감정 게임이라는 파괴적 행동에 당면한 사람은 대응 행동을 선택할 수 있다. 인간관계의 상호작용에서는 모든 참여자가 똑같은 책임을 지니게 된다. 상호작용이란 주고받는 것이니 말이다. 당신이 소통하고 반응하기로 선택한 방법에 대해 당신은 100% 책임을 져야 하고 상대방은 또 자신의 소통과 반응에 100% 책임을 져야 한다. 상대의 소통 방식이 기대에 못 미친다 해도 어떻든 당신 쪽의 소통과 반응 측면은 명백히 할 필요가 있다. 여기에는 평정심을 잃지 않을 뿐 아니라 더 나아가 개인적 성장의 기회를 끌어내는 방식으로 상대의 의사소통을 해석해내는 작업이 포함된다.

예를 들어보자. 정기 실무 회의를 제대로 주재하지 않았다는 이유로 한 부서원이 최고 경영층에 자신을 고발하는 바람에 곤란한 처지에 빠진 어느 관리자가 우리를 찾아왔다. 정작 회의 주재는 자기 업무도 아니었는데 말이다. 알고 보니 그 부서원은 부진한 실적으로 해고 위험에 처해 있었고 경영층의 주의를 다른 곳에 돌릴 목적으로 관리자를 궁지에 빠뜨린 것이었다. 이 관리자의 첫 반응은 방어였다. 일단 자기를 모함한 부서원에게 언어적인 공격부터 퍼붓는 식이었다.

하지만 몇 주 동안 우리와 만나 상담을 받은 후 관리자는 전술을 바꾸었다. 자기 업무를 분명히 밝혀 누명을 벗는 대신, 또한 자신을 이용하는 부서원에게 복수하는 대신 자기계발에 집중하기로 한 것이다. 관리자는 그 상황을 리더십 자질 향상의 기회로 삼아 결국 업무 범위를 넓혀 정기 실무 회의를 주재하게 됐다. 반년이 지난 후 이 관리자는 승진했고 문제를 제기한 부서원은 퇴사당했다.

Note

- 감정 게임 상황이라면 일단 문제는 당신이 아니라는 점을 인식하라. 감정 게임은 사이코패스라면 두뇌 이상 때문에, 상처 안은 생존자라면 과거의 고통과 상처 때문에 벌어진 것이다. 문제는 상대에게 있지 당신에게 있지 않다.
- 일을 망친 책임이 상대에 있다 해도 그 상호 작용에서 당신이 기여한 부분에 대해서는 책임을 져라.

24

인기에 너무 목매지 마라

리더나 관리자들이 저지르는 중대한 실수 중 하나가 효과적인 리더가 되기보다 부서원들에게 인기를 얻는 데 더 열중하다가 결국 감정 게임에 취약해지는 것이다. 모두의 사랑을 받고 싶은 마음에 관리자와 직원 사이의 경계를 넘어버리는 관리자와 함께 일해본 경험이 있는가? 직원들의 잡담과 뒷얘기에 열심히 끼어들어 친한 사이가 되려고 애쓰는 행동은 결국에는 문제를 불러일으키고 만다.

관리자와 직원들 사이에는 어차피 권력 불균형이라는 것이 존재한다. 갈등과 긴장이 있을 수밖에 없다. 관리자가 된다는 것은 부서원의 실적을 평가해야 한다는 뜻인데 친한 사이가 되면 제대로 실적 평가 대화를 나누기 어려워진다. 또 다른 문제는 이런 태도가 감정 게임 선수들의 좋은 먹잇감이라는 데 있다. 자기 멋대로 당신의 권력을 이용할 기회를 열어주는 셈이다. 인기를 얻으려는 태도는 쉽게 포착되고 감정 게임 선수들은 듣기 좋은 말로 환심을 산다. 그리고 중요한 순간에 그 친밀한 관계를 이용하여 친하지 않았다면 도저히 허용할 수 없었던 것을 내주도록 만들어버린다.

감정 게임 선수들의 좋은 먹잇감

감정 게임 선수들에게 인기를 얻으려 하는 것은 마치 포커 게임 적수에게 패를 보여주고 조언을 구하는 것과 같다. 적수는 초반에 살짝 이기게 해준 다음 결국 큰돈을 잃게끔 만들어버릴 것이다. 그러니 섣불리 친해지려 애쓰기보다 제대로 된 관계를 맺을 수 있도록 방법을 강구하라. 다음 몇 가지 지침이 유용할 것이다.

- 뒷얘기는 남들에게 맡기고 투명한 의사소통의 중심이 되도록 하라.
- 부서원들이 아닌 같은 직급의 관리자들을 친한 친구로 만들어라.
- 모든 부서원들과 공평하고 공정한 업무적 관계를 맺어 존경을 받도록 하라.
- 직장 바깥의 전문가와 관리자

Tip

인기를 얻는 것 vs. 배려하는 것

우리는 리더와 관리자가 부서원들을 배려하는 일이 중요하다고 본다. 배려하는 것은 곧 인기를 얻으려는 것이 아니냐고? 이 둘은 행동의 동기 차원에서 매우 다르다. 관심과 초점이 당신 자신에게 있다면 그것은 인기를 얻으려는 행동이다. 반면 초점이 남을 향하고 있다면 이는 배려이다. 인기를 얻으려 애쓰기보다는 배려하기를 목표로 삼아라. 그러면 까다로운 대화가 훨씬 수월해지고 감정 게임 선수들의 공격도 피할 수 있다.

인맥을 만들어라.

- 외부의 코칭이나 멘토링 관계를 통해 전문가 능력을 발전시켜라.

관리자들이 부서원들과 가까운 친구가 되고 싶고 인기를 누리고 싶은 것은 당연한 일이다. 부서원들과 다정하게 지내지 말라는 것은 절대로 아니다. 다만 친밀감과 인기에 너무 목매지 말라는 뜻이다. 업무상 역할이 분명히 수행될 수 있도록 한계를 정확히 설정하라. 그래야 공정한 관리자 역할이 가능하고 먹잇감을 노리는 감정 게임 선수들에게 당하는 일도 사라진다. 부서를 대할 때는 감정보다 업무를 우선시해야 한다.

25

'상처 입은 생존자'의 불안감에 대하여

먼저 하고 싶은 말이 있다. 앞에서도 이미 소개한 바 있는 '문제는 당신이 아니다'라는 말이다. 위협과 수치심을 도구로 사용하는 사람이 있다면 그건 당신이 한 일이나 행동 때문이라기보다 그들 세계에서 일어나는 상황 때문이다. 직접적으로 당신을 겨냥한 것으로 보인다 해도 마찬가지이다.

사이코패스가 당신을 괴롭히고 공격한다면 애초부터 뇌 구조가 다른 사람임을 기억하라. 어째서 그렇게 행동하는지 질문을 던지며 괴로워할 필요도, 상대의 태도를 바꾸려 시도할 필요도 없다. 대신 어떻게 그 상황을 마감할 것인지에 집중하라.

그러나 상처 안은 생존자 출신의 감정 게임 선수를 만난다면 상대가 직접적으로 상처 입힐 의도는 아니라는 점, 그 행동은 오히려 불안감에 기인한다는 점을 기억하라. 이런 유형이 구사하는 위협 전술은 그 자신이 느끼는 위협을 드러낸다. 괴롭히기 행동은 사실 방어기제

다. 문제는 그들 자신조차 내면 깊은 곳의 불안감을 알지 못하는 상태이고 이를 알려주기가 쉽지 않다는 점이다. 상처 안은 생존자의 행동에 핑계를 찾아주자는 것이 아니다. 그 행동의 이유를 알아야 당신이 덜 상처받고 더 효율적으로 대처할 수 있다는 것이다.

case study 폭군의 본심

직장에서 폭군으로 소문난 중역급 리더를 여러 해 동안 상담한 적이 있었다. 얼토당토않은 업무를 맡기고는 제대로 해내지 못했다고 동료들 앞에서 망신을 주는 행동 때문에 폭군이라는 딱지가 붙었다고 했다.

하지만 알고 보니 그는 모든 직원들을 깊이 아끼는 인물이었다. 구조조정을 앞두고는 밤잠을 못 이룰 정도였다! 다만 표현하는 법을 몰랐을 뿐이다. 문제의 핵심은 자신에게 리더 자질이 충분하지 못하다는 자기 이미지였다(이는 어린 시절의 학대 경험에서 비롯되었다). 마음속의 불안감을 감추기 위한 비의도적 보호 전략 속에서 그만 부정적 태도가 직원들에게 투사되었던 것이다. 두려움-위협-실적 저하라는 악순환이 만들어진 셈이었다. 그는 무뚝뚝한 모습으로 직원들을 몰아붙이고 불만을 사 직원들과 멀어졌고 결국 부서 전체의 실적이 악화되었으며, 이러한 실적 악화는 다시금 직원들을 몰아붙이는 이유가 되었다.

다행스럽게도 이 리더는 변화했고 업무 처리 방식도 완전히 바뀌었다. 그 과정에서 자기를 옥죄던 것이 어린 시절의 경험에서 비롯된 깊은 공포심임을 깨달은 후 그 감정에서 해방되었다.

이 변화가 일어나기까지 두 해가 넘는 시간이 걸렸다. 그동안 우리는 직원들이 리더의 무리한 요구에 어떻게 대처하면 좋을지 상담하며 지원하는 작업도 병행했다.

이 경험에서 내가 배울 수 있는 것은 무엇인가

다음은 괴롭힘을 제대로 이해하고 대처하기 위한 몇 가지 요령이다.

- **모순을 인지하기:** 행동과 상황이 제대로 맞지 않는다면, 과도하게 비판적이거나 부정적인 반응이 나온다면 상대에게 개인적 문제가 있을 가능성이 있다. 상대의 행동은 현재 문제되는 사안 혹은 당신 개인과는 무관한 일임을 기억하라.
- **겉모습 안쪽을 꿰뚫어보기:** 괴롭히는 상대가 사이코패스가 아닌 한, 상대의 선한 면과 성장 잠재력을 열심히 찾아보라. 그리고 찾아낸 것들을 주저하지 말고 상대에게, 또 주변 사람들에게 밝혀라. 당신이 찾아주지 않으면 스스로는 절대로 찾지 못할 테니까.
- **당신 자신을 굳건히 하기:** 개인적 직업적 발전을 통해 자신감을 키워라. 리더십과 의사소통에 대한 교육을 받아라. 스트레스가 많을 때에는 괴롭히는 사람과의 상호작용을 피하고 코치나 멘토를 찾아 도움을 청하라.
- **혼란 속에서 기회 찾기:** 강력한 반대나 부정적 피드백을 받게 되면 마음의 갈등이 생겨나고 자기 이미지가 부정적으로 변할 수 있다. 그럴 때는 상대의 말과 행동이 당신을 조종해 잘못된 방향으로 끌고 가는 것임을 인식하라. 당신은 당신과 전혀 상관없는 상대의 심리적 문제가 투사되는 대상일 뿐이다. 그러니 상황에 휘둘리지 말고 스스로에게 늘 질문을 던져라. '이 경험에서 내가 배

울 수 있는 것은 무엇인가?'

- 용기가 있다면 상대에게 솔직한 피드백을 주기: 위협적으로 상대를 괴롭히는 탓에 상대는 동료나 상사로부터 솔직한 피드백을 받아본 적이 거의 없을 것이다. 적절한 시점, 맥락, 전달 방법을 선택하여 있는 그대로의 피드백을 시도하라. 자아존중감이 조금이라도 있는 상대라면 긍정적으로 반응하고 결국 당신을 존중하게 될 것이다.

Note

- 위협과 괴롭힘 행동에 효율적으로 대처하려면 이면을 볼 수 있어야 한다. 상대가 투사하는 과거의 부정적 사건을 꿰뚫어보라. 혼자 버티기 어렵다면 도움을 청하라.

26

뒤에서 딴소리하는 사람을 다루는 법

감정 게임 선수들은 앞에서는 좋다고 대답하고 등 뒤에서는 아니라고 하는 이중 행동을 자주 보이곤 한다. 동의하고 합의한 듯 보이지만 대화가 끝나면 바로 상황을 망쳐버리는 것이다. 예를 들어 분기 성과 보고서 작성 지시를 받을 때는 "아무 걱정 마십시오!"라고 대답하지만 정작 일은 하지 않고 내내 부서원들을 붙잡고 불평만 하다가 마감을 놓쳐버리는 유형이 있다. 그는 그 후에도 아무 죄책감 없이 오히려 상사 앞에서 당신 탓을 한다. 여기 깔린 것은 '나한테 뭐 시킬 생각은 하지 마. 호되게 대가를 치르게 될 테니'라는 생각이다.

뒤에서 딴소리를 하는 행동은 쉽게 바로잡히지 않는다. 일단 명백하게 겉으로 드러나지 않기 때문이다. '이 사람이 이렇게 말했고, 저 사람은 저렇게 말했고' 식의 상황이 전개되면 책임 회피가 더더욱 쉬워진다.

뒤에서 딴소리를 하는 사람에게 대처하는 최선의 방법은 책임감과 관련된 단순한 전략을 동원하는 것이다.

- 당신이 기대하는 결과가 무엇인지 모든 부서원들이 명확히 알도록 하라. 지시가 제대로 이해되었는지 확인하고 또 확인하라. 의사소통이 분명하지 않으면 일처리가 제대로 되지 않아도 정당화해버리기 쉽다.
- 요청의 맥락과 목적을 모두가 이해하도록 하라. 책임감의 핵심에는 합의가 있다. 애초에 합의가 이루어지지 않았다면 직원들이 기대에 부응하게끔 일하기 어렵다. 실무 정기 회의가 제대로 열리지 못한 것에 대해 누군가에게 책임을 지우고 비난하는 대신 회의에 참여해야 할 관리자들이 다 함께 모여 회의 개최의 이유와 목적을 합의하고 문서화하여 모두가 회의 책임을 공유하도록 하는 것이 좋다.
- 문서로 만들어라. 당신이 기대하는 바를 분명히 기록하여 게시하거나 공유하고 구두로 요청한 일은 전자우편으로 다시 확인을 요청하라.
- 마감 날짜와 시간을 정확히 하라. 기한이 분명치 않은 일에 대해서는 미룰 핑계가 한없이 생겨나는 법이다.
- 당신부터 말과 행동을 일치시켜라. 당신이 말한 대로 행동해왔다면 말하는 대로 행동하지 않은 상대와 까다로운 대화를 풀어가면서도 당당할 수 있다.
- 말과 행동의 불일치에 대해 직접 언급하라. 상대가 하는 말과 하

는 행동 사이의 차이를 설명해라. "보고서를 이번 주까지 끝낼 수 있다고 말해놓고선 아직 쓰지 않았군요. 어떻게 된 일이죠?" 라고 질문을 던질 수 있다. 비난이 아닌 질문을 던져야 한다는 점이 중요하다. 비난을 받는다고 느끼면 상대가 바로 방어적인 자세를 취할 것이기 때문이다.

감정 게임을 다루는 총괄 전략

어떤 유형의 감정 게임 선수를 만나든 일반적으로 적용할 수 있는 전략이 마련되어 있다면 도움이 될 것이다. 몇 가지를 제시해보면 다음과 같다.

- 까다로운 대화에서는 구체적 내용보다 전체 맥락을 먼저 짚어라. 상황의 사소한 부분 때문에 옥신각신하는 일이 적지 않다. 내용에 대한 논의를 하려면 이성적인 상태가 되어야 하는데 감정적 상황에서 이성은 흔히 실종되고 만다. 먼저 큰 그림의 맥락을 그리다 보면 감정적 동요를 진정시킬 수 있다. 그렇게 이성적 분위기가 조성된 후 내용을 논의하라. 예를 들어 보고서의 맞춤법 실수가 문제되는 상황이라면 맞춤법 실수가 일어났다는 사실을 분석하기 전에 우선 그런 일이 일어나는 이유가 무엇이고 깔끔한 보고서가 비즈니스에 왜 중요한지를 먼저 점검하라.

- 상대의 정체를 규명하라. 감정 게임 선수의 행동을 면밀히 관찰해 어떤 유형인지 알아내고 효과적인 대응 방법을 찾아야 한다. 당신이 사이코패스나 성격 장애 여부를 진단할 의무까지는 없다. 하지만 비슷한 인물이 주변에 있다면 어떻게 대할지 방법을 고민하는 것은 당신의 업무 영역일 수 있다. 인내심과 열정을 발휘해 도전하라.
- 감정 게임 행동의 원인이 된 책임을 인정하라. 상대가 당신을 좌지우지하도록 된 상황에 당신이 어떻게 기여했는지 인식하라. 인기 있는 사람이 되고 싶어 한다면 감정 게임 선수에게 이용당하기 십상이다. 친구가 아닌 관리자가 되어야 할 필요가 있다.
- 괴롭힘 행동을 객관화하고 표면적 행동의 이면을 바라보라. 사이코패스가 아닌 이상 괴롭힘 행동의 이면에는 힘든 개인적 경험이 숨어 있다. 공격적 행동은 내면의 고통이 당신에게 투사된 것이다. 괴롭힘 행동에 핑계를 찾아주자는 뜻이 아니다. 심연을 들여다볼 수 있다면 이상 행동을 더 잘 이해하고 바꿀 가능성이 생겨난다.
- 책임지는 분위기를 만들자. 당신도 책임을 지고 직원들에게도 책임을 요구하라. 직장 내 책임지는 분위기는 리더가 모범을 보여야 가능하다. 당신이 책임 있는 모습을 보이면 감정 게임 선수들도 쉽게 건드리지 못하게 된다. 또한 상대에게도 책임을 요구함으로써 핑계 대고 일을 미뤄버리기 어려운 상황을 만들 수 있다. 책임 있게 행동하면서도 공감은 얼마든지 가능하다는 점을

기억하라. 상대에게 좋은 경력이 될 업무를 지우고 책임을 요구하는 것 자체가 일종의 공감이다. 건강에 신경을 써야 할 때 정크푸드 대신 신선한 메뉴를 선택하도록 하는 친구가 진정한 친구인 것처럼 말이다.

- 문제보다는 해결책에 초점을 맞춰라. 까다로운 대화는 결국 무언가 잘못되었을 때 주로 하게 되고 그리하여 문제에 초점을 맞추는 경우가 대부분이다. 이럴 때 감정 게임 선수들은 개인적, 감정적 측면을 내세워 책임을 회피하기 십상이다. 이보다는 해결책을 고안하고 구체적인 해결 행동에 합의하는 대화가 훨씬 더 건설적이다.

Note

- 감정 게임을 처리하려면 기대를 분명히 하고 책임을 지우며 구체적 내용보다 전체 맥락에 집중해야 한다.
- 뒤에서 딴말하는 행동을 보이는 사람에게는 책임감의 범위를 분명히 해주고 그런 행동이 선을 넘는 경우 신속하고 직접적으로 경고해야 한다.
- 영향력을 미치는 존재로서 당신의 행동은 매우 중요하다. 행동으로 신뢰를 얻고 행동으로 문제를 해결하라. 그러면 당신 자신과 부서, 회사 전체가 다 탄탄해진다.

advice 불편한 상황을 바라보는 심리학&행동과학적 관점

포커 판에서는 언제 카드를 쥐고 있을지 언제 판을 엎어버릴지 아는 것이 중요하다고 한다. 감정 게임 선수들을 대할 때에도 마찬가지다. 사이코패스를 만났다면 판을 엎어야 하고 그 경우가 아니라면 희망을 갖고 노력해야 한다.
상대의 정체가 명확하지 않은 경우라면 당신이 문제의 일부가 아닌, 해결책의 일부가 되도록 하는 것이 최선이다. 물론 그 어느 것도 쉽지는 않다. 행동만큼이나 마음가짐이 중요한 일이고, 원하는 결과보다는 가능한 결과를 얻어내는 데 우선순위를 두어야 한다. 인간의 복잡함을 이해하는 데 시간을 쓰고 당신 자신의 행동도 부분적으로 변화시켜야 할 것이다.

행동과학자의 시각

마음대로 되지 않으면 눈물에 호소하는 여직원 때문에 힘들다고 토로하는 분을 만난 적이 있다. 직원이 미리 행동 계획을 다 짜놓고 오는 것 같다고, 그리하여 27분이 넘어가면 바로 울음을 터뜨리는 작전을 쓰는 것 같다고 생각될 지경이라고 했다. 정말 그렇다면 이건 아카데미 연기상을 받아 마땅한 일일 것이다!
감정 게임이라고 하면 마키아벨리 식의 정치 전술을 떠올리는 경우가 많지만 늘 그렇지는 않다. 직장에서 도저히 이해가 가지 않는, 비난받아 마땅한 행동을 하는 사람들이 있는 것은 사실이다. 대부분의 경우 이러한 감정 게임 행동의 이유는 딱 하나이다. 효과가 있기 때문이다!
사람들은 먹히기 때문에, 더욱 중요하게는 당신이 먹히는 상황을 만들었기 때문에 감정 게임을 벌인다. 그런 행동이 반복되는 것은 단순한 원인-결과 관계 때문이다.
결국은 상대의 감정 게임을 받아주느냐 거절하느냐를 결정하는 사람은 바로 당신이다. 당신에게 달린 것이다!

심리학자의 시각

역기능에는 늘 기능적 측면이 있다. 감정 게임으로 보이는 행동은 상처, 두려움, 수치심에서 기인하곤 한다. 행동 이면의 이유를 끝까지 알아내지 못할 수도 있지만 어떻든 이면이 존재한다는 인식을 하고 있다면 공감하기가 조금 더 쉬울 것이다.

감정 게임, 뒤에서 딴소리하기, 괴롭힘과 위협 상황에 당면했을 때에는 당신 자신을 보살피고 관리하는 능력이 중요하다. 상황 대처 능력은 그 시점에 다른 인생 요소들에 따라 크게 달라지기 때문이다. 자신감과 확신을 가지고 남의 행동에 맞서려면 건강과 행복이 유지되어야 한다. 몸이 보내는 신호에 귀를 기울이고 필요한 일을 하라.

컨설턴트의 시각

난 늘 사람들이 선한 의도로 움직이고 있다고, 사람들 속에는 눈에 보이는 것 이상의 잠재력이 있다고 믿었다. 그러나 학부 심리학 수업에서 사이코패스 이야기를 들었을 때에야 그렇지 않을 수 있다는 점을 배웠다.

아직도 인간에 대한 긍정적 믿음은 여전하지만 감정 게임 선수들을 다루는 법은 몇 가지 알게 되었다. 우선은 그 역기능적 행동의 동기가 무엇인지 집요하게 파고들 필요가 있다. 사람에게서 최선을 기대하면서도 최악에 대비해야 한다. 이걸 해낼 수 있다면 조직 문화를 완전히 바꿀 수도 있다.

3부

가장 하기 어려운 이야기

상대의 자존감을 유지시키면서 까다로운 대화를 해내기 위한 방법은 우선 상대의 입장이 되는 것, 그리하여 그 상황에서 당신이 가장 듣고 싶은 말을 해주는 것, 핵심 메시지를 정확하게 전달하는 것이다. 대화가 끝난 후에는 상대가 희망을 갖고 앞으로 나아갈 수 있도록 해줘야 한다.

27

거대한 감정적 동요를 가져오는 사건

리더의 말이 아니라 행동이 중요하다.

– 프레드 코프먼Fred Kofman

사람들은 직장에서 맡은 역할에 애착을 가진다. 직업을 통해 사람들은 소속감을 느끼고 때로는 자신이 누구인지 규정하기까지 한다. 이런 상황이니 구조조정, 정리해고, 퇴직, 질병이나 상처로 인한 업무 불가능 상태 등은 개인에게 크나큰 영향을 미칠 수 있다. 엄청난 슬픔과 상실감을 느끼게 하는 것이다.

심리상담가로 베스트셀러 저자인 엘리자베스 퀴블러 로스는 슬픔과 상실의 단계를 최초로 분석하여 전 세계적인 반향을 불러일으켰다. 그 이전까지 병원의 의사나 간호사들은 환자들과 죽음에 대해 절대 말하지 않는 것이 불문율이었다. 이 잘못된 관행 때문에 시한부 삶을 사는 환자들은 고독과 불안 속에서 마지막을 보내야 했다. 그런데 퀴블러 로스의 연구 덕분에 의료 체계는 획기적으로 개선되었다.

하지만 기업 세계에는 1950년대의 병원 분위기가 아직도 남아 있다. 구조조정, 정리해고, 퇴직이라는 문제는 공개적으로 논의되지 않는다. 그것이 몰고 오는 고통과 혼란에도 침묵한다. 이제는 바뀌어야 한다. 직장이라는 세계가 뒤흔들릴 때 사람들이 느끼게 되는 슬픔과 상실감을 제대로 바라봐야 한다.

전환이라는 공통분모

변화는 직장에서 늘 있는 일이지만 구조조정, 정리해고, 퇴직이라는 변화는 유난히 큰 혼란을 낳는다. 이 혼란에 까다로운 대화, 불확실성과 불안정성이 동반된다. 관리자이자 리더는 모든 것을 통제하는 듯한 모습을 보여야 하지만 실제로는 자기 통제 바깥의 결정을 받아들이는 입장이다. 이 모순 속에서 어떻게 길을 잡아나가면 좋을까?

거대한 감정적 동요를 수반하는 큰 사건인 구조조정, 정리해고, 퇴직에는 전환이라는 공통분모가 있다. 형태, 상태, 장소, 맥락, 현실이 달라지는 전환이다. 직원들의 전환을 관리하는 전략으로 넘어가기 전에 전환이라는 요소를 조금 더 살펴보자.

공통분모: 전환

우리는 매일 전환을 겪는다. 잠자다가 일어나는 것, 집에서 나와 출근하는 것, 여럿이 함께 있다가 헤어져 혼자가 되는 것 등이 모두 전환이다. 물론 구조조정, 정리해고, 퇴직은 이것과 비교도 되지 않을 만큼 큰 전환이다. 하지만 기본 원칙은 같다. 발달심리학자인 리처드

하머에 따르면 모든 전환은 시작, 중간, 종결 단계를 거친다고 한다.

- 시작: 첫째, 우리는 하나의 현실이 끝나면 그 현실에서의 역할, 기대, 관점, 책임, 혜택, 도전도 함께 끝난다는 점을 인식해야 한다.
- 중간: 둘째, 기존의 현실을 떠나보내게 되면 상실감이 찾아온다. 불확실성에 걱정이 되는 동시에 새로운 가능성에 기대를 품기도 한다.
- 종결: 마지막으로 새로운 시작, 새로운 현실이 펼쳐진다. 역할, 관점, 책임, 혜택, 도전도 새로이 찾아온다.

이 과정은 다음 그림과 같다.

전환의 단계

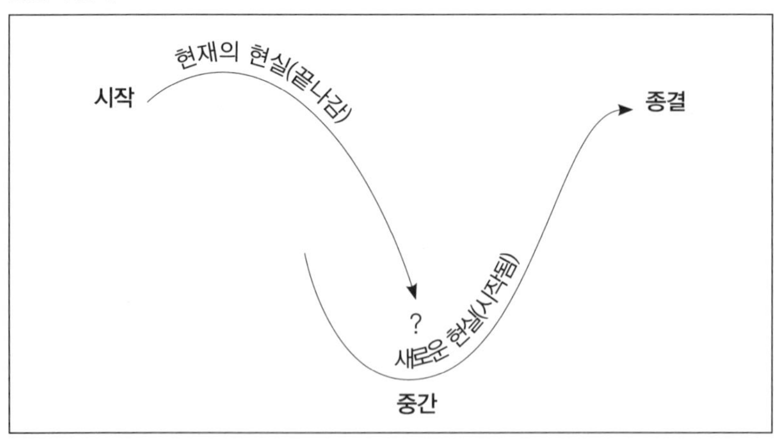

마음가짐이 차이를 만든다

모든 전환에는 공통적인 요소가 또 있다. 전환 경험을 맞는 태도 혹은 마음가짐이다. 당사자가 선택하는 마음가짐은 전환 기간을 어떻게 보내게 되는지를 좌우한다. 당신이 관리자라면 직원들의 마음가짐에 어떤 영향을 미치는지에 따라 성공적인 전환에 결정적인 역할을 할 수도 있다. 마음가짐의 역할을 조금 더 살펴보자.

이 책의 세 저자는 모두 전환을 경험했다. 일과 경력에서 더 이상 주도권을 갖지 못하는 상실감의 상태 말이다. 그런데 직장의 구조조정으로 역할과 책임이 바뀌거나, 정리해고나 퇴직으로 직장을 잃거나 혹은 질병 등으로 더 이상 일할 수 없는 상황에 처한 사람들 중 80%는 전환 시작 시점에 비해 6개월 후에는 훨씬 행복하고 만족도도 높아지는 것으로 나타난다. 이 80%는 전환 과정에서 긍정적인 마음가짐을 선택한 이들이다. 특히 전환의 시작 및 중간 단계에서 말이다.

혹시 이런 생각이 드는가? '그 사람들은 그렇게 행복하게 살라고 해. 난 지금 전환 중간 단계라고. 미래가 이토록 불확실한데 어떻게 긍정적인 상태가 될 수 있다는 거지?' 그렇게 생각하는 마음을 이해한다. 우리 역시 그 단계를 거쳤으니까.

28

가장 어려운 이야기를 하기 전에

우리는 이제 전환 과정의 어느 단계에 있든 효과를 발휘하는 자세를 몇 가지 소개하려고 한다. 이는 당신이 이미 아는 사실을 바탕으로 새로운 기회와 가능성을 위한 여백을 만들고 새로운 현실로 나아갈 확신과 에너지를 얻는 데 도움을 주기 위해 고안된 것들이다.

첫째, 스스로에게 용기를 북돋는다. 모든 것은 해석의 문제라는 것을 되새길 필요가 있다. 둘째, 정지 버튼을 누른다. 전환의 과정은 휴식할 기회이기도 하다. 셋째, 새로운 현실로 가는 길을 열도록 한다. 적응하면 그만이다.

다음 그림은 새로운 마음가짐을 통해 전환이 어떻게 바뀌는지 보여준다.

마음가짐을 통한 성공적 전환

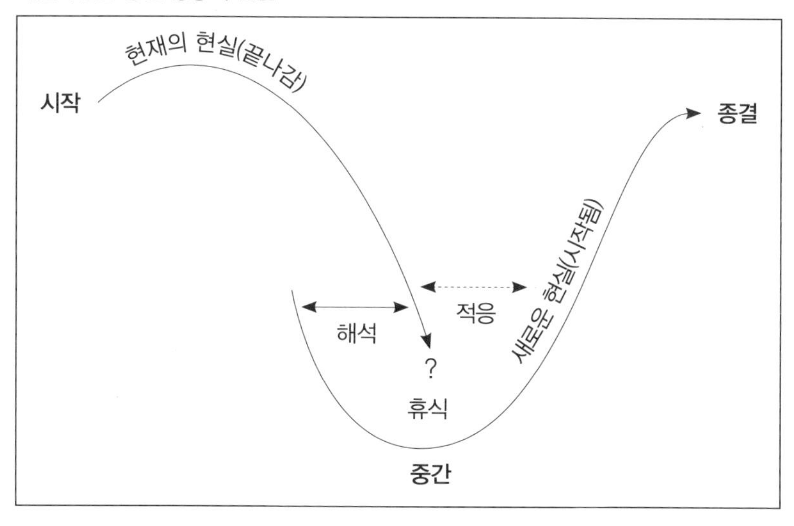

▎인생 최고의 경험

모든 것은 해석의 문제

과거에서 가장 좋았던 일, 정말로 즐겁게 했던 일을 떠올려보라. 개인적, 직업적 삶을 한번 정리하고 당신이 좋아하는 일, 잘하는 일을 분명히 하면서 과거를 떠나보내는 작업이다. 이를 통해 새로운 현실에 대한 열정과 관심을 새로이 할 수 있다. 해석에는 네 단계가 있다. 첫 번째 단계는 최고의 경험과 성공을 찾아보는 작업이다. 다음과 같은 질문을 스스로에게 던져보라.

● 내가 하는 일에서 정말 좋았던 부분, 그리고 잘했던 부분은 무엇

인가?

- 어떤 일이 내게 잘 맞았나? 사람들은 어떤 일이 내게 잘 맞는다고 말해주었나?
- 나는 어떤 지식, 기술, 경험, 특징을 지닌 사람인가? 그것을 바탕으로 일하면서 어떤 성공을 거두었나?
- 내가 맡았던 역할 중에서 정말로 열정을 쏟아부었던 것은 무엇인가?

두 번째 단계에서는 새로운 현실로 옮겨가기에 도움이 되지 않았던 측면과 행동들을 점검해야 한다.

- 내가 맡았던 역할 중에서 즐겁지 않았던, 더 이상 하고 싶지 않았던 것은 무엇인가?
- 지금 현재의 내 태도나 마음가짐 중에서 전환에 도움이 되지 않는 것은 무엇인가?

세 번째 단계는 당신의 강점을 확인하는 과정이다. 우리는 남들에게 자신만만하거나 자만하는 모습을 보이고 싶지 않아 자신의 강점을 깎아내리곤 한다. 하지만 전환 과정에서는 그럴 필요가 없다. 앞으로 계속 함께 일할 사람들도 아니니 더 이상 그쪽의 시선에 신경 쓰지 말라. 지금은 당신이 잘하는 일을 확실히 알아야 할 시점이다. 당신 자신부터 그 강점을 완전히 확신할 수 있어야 한다!

네 번째 단계에서는 열정과 성과를 강조하게 된다. 인간은 기분 좋은 일에 마음이 끌리고 기분 나쁜 일은 회피하는 심리를 지녔다. 단순하게 말하면 즐거움을 추구하고 고통을 회피하는 것이다.

과거의 경험을 해석해 새로운 현실을 만드는 일에서도 마찬가지 원칙이 적용된다. 당신이 열정을 가지고 해내는 일, 남들까지도 그 열정에 감염되도록 하는 일을 충분히 내세워야 한다. 또한 과거에 거둔 실적을 강조하라. 새로 자동차를 사러 갔을 때를 기억해보라. 판매원은 재빨리 당신의 요구를 파악하고 자신이 판매하는 차가 얼마나 당신에게 적합한지 강조한다. 바로 그렇게 당신도 새로운 고객들 앞에서 자신의 열정과 능력을 전달해야 한다.

정지 버튼을 누르기

전환 과정을 시작할 때는 기진맥진한 상태일 가능성이 크다. 스트레스와 걱정에 시달린 끝이고 어떻게든 최악의 상황을 피하기 위해 악전고투하며 극단까지 밀려왔을 수도 있다.

전환의 시작, 특히 중간 단계로 들어가는 상황에서 우리는 자신과 남들의 미래를 전혀 알 수 없다는 불안감에 휩싸인다. 자연스러운 감정이다. 앞서 말했듯 우리는 즐거움을 추구하고 고통을 회피하는 존재이니 말이다.

이런 상황에서는 '뭐든 좀 확실하게 해두면 다음에 뭘 해야 할지 알 수 있을 거야!'라고 생각하며 억지로 해결책을 찾고 의사결정을 내리려 들기 쉽다. 물론 사람마다 상황은 서로 다르겠지만 서둘러 다음 역할 혹은 직장으로 돌진하지는 않는 것이 좋다. 삶의 속도를 늦추고 쉬는 시간을 가져라. 정지 버튼을 누르는 것이다. 새로운 경험을 시도해도 좋다. 예를 들어 평소 접하지 않았던 종류의 책을 읽는다든지, 새로운 사람들과 이야기를 해본다든지, 일상을 바꿔본다든지, 낯선 환경에서 혼자 시간을 보내본다든지 할 수가 있다.

왜 이런 시도가 필요할까? 새로운 경험을 통해 새로운 시각을 강화하지 않는다면 새로운 현실을 향해 거듭나기가 어렵기 때문이다. 새로운 경험을 거부하면 이미 떠나보낸 과거 세계에 갇혀버리고 만다. 새로운 일과 역할을 맡기에 앞서 휴식과 재충전을 한다는 측면도 중요하다.

새로운 현실에 적응하면 그만

거대한 평원 끝에 서 있고 저 멀리 지평선에 당신이 가야할 이상적 미래, 새로운 현실이 놓여 있다고 하자. 곧게 뚫린 길 따위는 없다. 표지판도 없다. 어떻게 해야 할까? 당연히 걷기 시작할 것이다. 그러면서 목적지까지 가는 길이 만들어진다.

전환 과정도 이와 비슷하다. 우리는 미지의 땅을 개척하는 입장이 된다. 새로운 현실로 가기 위해 방법을 고안하고 실험하고 적응한다. 행동하면서 배워간다. 시도하고 결과를 평가하고 접근법을 수정하여 다시 시도하기를 반복한다. 그렇게 하여 자신만의 지도가 만들어진다. 미지의 땅을 지나가는 완벽한 방법은 없다. 인내, 자신에 대한 믿음, 노력이 있을 뿐이다.

이 여행에서 기억해야 할 중요한 사항은 다음과 같다.

- 스스로에게 진실하라. 당신이 누구인지, 무엇을 중시하는지, 어디서 열정을 느끼는지 감안하지 않고 무작정 새로운 세계로 떠난다면 그것이 대체 무슨 의미가 있겠는가?
- 당신이 지향하는 새로운 현실에 대해 설득력 있는 전망을 만들고 구체화하라. 인간은 즐거움을 추구하고 고통을 회피한다고 하였다. 그러므로 새로운 세계에서 경험하고 싶은 것에 대한 당신의 전망은 당신 스스로에게 충분히 즐겁고 매력적이어야 한다. 그래야 전환이라는 위험 부담을 감수할 수 있다.
- 새로운 세상을 향해 가는 길에서 실험하고 고안하고 적응하라. 새로운 것을 시도할 때 실험하는 자세는 퍽 중요하다. 처음부터 완벽한 결과를 얻을 수는 없기 때문이다. 물론 가능한 한 그 여정을 즐겨야겠지만 중요한 것은 결국 전환을 마치는 일이다. 토대를 잘 쌓고 도움이 되는 인간관계를 구축하라. 가슴 설레는 질문을 던지고 미지의 것과 춤추어라. 앞으로 나아가는 길이 결국은 분명해지리라는 것을 믿어라. 당신을 발전시킬 기회가 다가오면 망설임 없이 잡아라. 충분히 파악될 때까지 진행하라.
- 크고 작은 성공을 자축하라. 최종 결과만을 바라보고 있으면 도중에 거두는 작은 성공들을 무심하게 지나칠 수 있다. 하지만 전환 과정을 잘 이겨내려면 작은 자축이 아주 중요하다. 전진하고 있음을 보여주는 표지들이기 때문이다. 도중에 길을 잃었다고

여겨질 때 되돌아갈 지점들이기도 하다. 혼자서든, 누군가와 함께든 좋다. 자주 기쁘게 축하하라.

심리학자들은 성공적 전환을 결정짓는 여러 가지 요소를 제안하고 있다. 임상심리학자 찰스 스나이더는 희망이라는 심리 상태가 큰 역할을 한다고 보았다. 희망은 운명의 주인공이 되겠다는 '의지력willpower', 그리고 원하는 미래 모습을 그리고 추구하는 '진행력waypower'으로 이루어진다고 한다.

리처드 하머는 여기에 '열망력wantpower'이라는 세 번째 요소를 추가해 어려운 상황에서도 끝까지 인내하며 열정을 발휘해야 한다는 점을 강조하였다. 직업 안정성이 흔들리는 상황에서 열망력을 잃지 않는다면 전환을 파국이 아닌 자유 경험으로 만들 수 있다. '직업이나 직장을 바꾼 것은 내 인생 최고의 경험이었어'라고 말하게 되는 것이다.

구조조정, 정리해고, 퇴직 사건에 대한 대화를 잘해내려면 우선 전환의 과정에 대해, 그리고 전환의 영향력에 대해 이해해야 한다. 공감하는 것도 중요하다. 당신 자신이 그 상황을 맞았을 때 어떻게 반응할 것인지 생각해보면 상대에게 공감할 수 있을 것이다. 지금부터는 관리자이자 리더인 당신이 구조조정, 정리해고, 퇴직과 관련된 까다로운 대화를 어떻게 풀어가야 할지 살펴보자.

29

관계의 종결을 알리는 대화를 할 때

관계 종결을 알리는 대화는 이별이라는 진실을 전달하는 순간이기도 하다. 정리해고와 퇴직을 알리는 것은 상대와 더 이상 함께 일하지 못한다는 통고이기 때문이다. 심호흡이 필요한 대화가 아닐 수 없다.

이런 대화에는 용기와 함께 감정적 배려가 필요하다. 일단 시작은 당신 자신의 상태를 점검하는 것이다. 심장 박동 수를 살펴보라. 박동이 평소보다 빠르다면 스트레스를 받았거나 걱정스러워하거나 두려워한다는 뜻이다. 어려운 대화를 앞두고 있는 만큼 그러한 감정을 갖는 것은 자연스럽다. 그러나 가능한 한 심장 박동 수와 호흡수가 비슷하게 맞춰지도록 하는 것이 좋다. 그러다 보면 두 가지가 모두 느려지고 차분해진다. 동시에 당신도 더 침착해지면서 집중해서 대화할 수 있게 된다.

감정적 배려가 필요하다

관계 종결을 알리는 까다로운 대화를 위해 기억해야 할 점은 다음 네 가지이다. 즉, 당신 자신부터 준비할 것, 현실을 알릴 것, 메시지에 집중할 것, 그리고 상대의 자존심을 보호할 것 등이다.

당신 자신부터 준비하라

가능하다면 대화에 앞서 스스로 준비할 시간을 내도록 하라. 편안한 상태에서 공감하면서 동시에 집중할 수 있는 상태를 만들려면 어떻게 해야 할까? 전날 잠을 푹 자야 할 수도, 신뢰하는 동료와 미리 의논을 할 수도, 대화 직전에 생각을 정리하고 진정할 시간을 가질 수도 있다. 용기를 북돋고 감정적 배려를 키울 수 있는 방법이라면, 그러면서 메시지를 전달하는 데 도움이 되는 방법이라면 그것이 무엇이든 하라. 관계 종료 통보라는 까다로운 대화가 제대로 이루어지려면 당신부터 중심을 잃지 않고 안정되어야 한다.

현실을 알려라

당신과 대화를 나누면서 상대는 자신이 상황 통제력을 잃었다고 느낄지 모른다. 그리고 그럴 때 사람들은 예측하기 어려운 반응을 보인다. 예를 들어 방어적으로 변할 수도, 분노할 수도, 이상하게 조용해질 수도 있다.

제일 중요한 일은 상대가 최대한 정확하게 상황을 판단할 수 있도록 모든 정보를 숨김없이 제공하는 것이다. 그래야 상대가 이후 제대로 된 선택을 할 수 있다. 상대를 위한다고 혹은 스스로를 보호하기 위해 메시지를 좋게 포장하는 일이 많은데 이는 양쪽 모두에게 도움이 되지 않는다. 현실을 밝혀라. 있는 그대로를 알려라. 언제, 어디서, 어떻게, 무엇이 어떻게 되었는지 등에 관해 상세한 내용을 전달하라. 대화에 앞서 사전 메모를 준비해도 좋다.

상대가 충분한 정보를 알고 미래를 선택하려면 현재 상황을 정확히 바라볼 수 있도록 해줘야 한다.

메시지에 집중하라

현실을 그대로 알려주면서 당신은 메시지를 놓치지 말아야 한다. 앞서 말했듯 통제력을 상실한 사람들은 예측 불가능한 반응을 보일 수 있다. 해고 결정의 장단점을 두고 토론을 벌이려 할 수도 있고 직장을 계속 다니게 해주는 조건으로 거래를 제안할지도 모른다.

당신이 철도를 따라 움직이는 마차에 타고 있다고 상상해보라. 양쪽은 깊은 늪이다. 철도는 지평선의 목적지로 이어져 있고 당신이 탄 마차는 핵심 메시지이다. 가장 안전하고 편안한 길은 철도 위의 마차 안에 있는 것이다. 출렁거리는 늪을 뚫고 지나는 것과 다름없는 이별 통보 대화에서도 마찬가지다. 자신에게 다음과 같은 질문을 던져라.

- 이 대화에서 나 스스로 얻고 싶은 결과는 무엇인가?
- 이 대화의 상대가 얻었으면 하는 결과는 무엇인가?

- 결과를 두고 볼 때 상대가 이 대화에서 받았으면 하는 핵심 메시지 세 가지는 무엇인가?
- 대화 중에 상대와 논의할 준비가 되지 않은 부분은 무엇인가?

당신이 원하는 결과와 핵심 메시지를 인식하고 대화 중에 놓치지 말라. 그래야 까다로운 대화가 길을 잃지 않는다.

상대의 자존심을 보호하라

상대의 조직 생활 종결을 알리는 까다로운 대화는 상대의 자존심과 자부심을 건드리곤 한다. 상대가 '떠나야 한다니 마음이 복잡하지만 그래도 대화는 정말 좋았어'라고 생각하며 일어설 수 있도록 돕는 것이 당신 역할이다.

상대의 자존감을 유지시키면서 까다로운 대화를 해내기 위한 방법은 우선 상대의 입장이 되는 것, 그리하여 그 상황에서 당신이 가장 듣고 싶은 말을 해주는 것, 핵심 메시지를 정확하게 전달하는 것이다. 대화가 끝난 후에는 상대가 희망을 갖고 앞으로 나아갈 수 있도록 해줘야 한다.

Note

- 모두에게 명료하고 일관된 메시지를 전달하라. 목표가 변화라면 이 점을 가능한 한 빨리 알려라.
- 직원들을 이해하기 위해 시간과 에너지를 투자하라. 이는 전환기에 꼭 필요한 태도이다.

30

상대의 감정은 상대가 느끼게 하라

당신이 아는 바를 100% 다 말해준다는 것은 그만큼 상대를 존중한다는 뜻이다. 상대의 감정은 상대가 느끼도록 하라. 전체를 다 말해주지 않아 부서원들이 현실을 잘못 인식하고 있다면 이는 당신이 부서원들의 현실 대처 능력을 낮게 평가한다는 뜻이 된다. 아니면 더 나쁜 경우 당신이 부서원들의 잠재적 분노를 처리할 자신이 없다는 뜻이기도 하다. 당신이 아는 것의 절반만 말해준다면 결국 절반뿐인 이야기가 되고 만다. 그러니 언제나 아는 바를 100% 말해주도록 하라.

분명하게 모든 것을 말해주는 게 낫다

오래전부터 관리자와 리더들 사이에는 '조금 더 확실해진 다음에 말해주는 것이 좋겠어'라는 관행이 퍼져 있다. 다음 작전을 위장해야 하는 군대식 모델에서 온 관행이다. 하지만 구조조정이라는 상황에서는 '일단 회의실 안에서만 처리하고 6개월 동안 감췄다가 전격 공개하도록 하지'와 같은 접근법을 재고할 필요가 있다. 이런 접근이 효과적이라는 연구는 어디서도 찾아볼 수 없다. 이는 직원들의 동요와 감정적 반응을 제대로 처리할 수 없을 것 같다는 이사진의 두려움 때문인 경우가 대부분이다.

부서원들이 자신의 미래를 결정하는 데 관리자나 리더는 개입할 수 없다. 어차피 개인의 선택이기 때문이다. 떠나고 싶다는 사람을 쇠사슬로 책상에 묶을 수는 없지 않은가. 당신이 알면서도 밝히지 않았다는 것을 상대가 알면 어떤 기분이 들까? 그 다음에는 무슨 말이든 곧이듣지 않을 것이다. 반면 분명하게 모든 것을 알려준다면 대부분의 사람들은 구조조정에 대해, 혹은 구조조정의 가능성에 대해 알게 되어 고맙다고 할 것이다. 마음의 동요가 생긴다 해도 미리 알고 대처할 준비를 하는 편이 깜깜한 어둠 속에 있는 것보다는 훨씬 낫다.

case study 왈도는 왜 솔직하게 말하지 않았을까?

왈도는 열 명의 부서원을 이끄는 관리자이다. 그의 부서는 훌륭하게 일해왔고 그리하여 부서 업무와 예산도 잘 확보된 상태이다.
그런데 관리자 회의에서 왈도는 대규모 구조조정이 준비되고 있다는 점을 알게 되었다. 아직 어느 부서가 대상이 될지는 알 수 없는 불확실한 상황이다. 회의에서는 각 관리자가 부서원들과 구조조정에 관해 논의하라고 권했지만 왈도를 비롯한 몇몇은 당분간 함구하기로 결정했다. 상황이 조금 더 확실해져야 분명한 이야기를 할 수 있으리라 생각했기 때문이다.
어째서 부서원들에게 솔직하게 말하지 않았느냐고 물었더니 왈도는 "불충분한 정보를 전하고 싶지 않았습니다. 전체 이야기를 다 알아야 한다고 생각했어요. 그래야 괜한 스트레스나 걱정이 없을 테니까요. 구조조정이 우리 부서와는 전혀 상관없을 수도 있고요"라고 대답했다.

왈도의 의사결정에 대한 검토

왈도는 부서원들의 행동을 미리 예측했고 현실을 알리지 않기로 결정함으로써 부서원들의 자유로운 결정권을 빼앗은 셈이 되었다.
우리는 왈도와 상담을 진행하면서 그 의사결정의 세 요소를 뽑아냈다.

- 왈도는 부서원들에게 큰 애정을 갖고 있었다. 함께 일하는 사람들을 긍정적으로 평가했고 인간적으로도 좋아했다. 그리하여 보호자와 같은 리더십을 발휘하며 가능한 한 보호하고자 했다. 나쁜 소식을 전하지 않은 것도 왈도 나름의 보호책이었다.
- 왈도는 전문가였다. 평생 모범생이고 우수 사원이었으며 훌륭한 관리자 역할을 해온 왈도는 어떤 문제에든 멋진 답을 내놓고 싶다는 욕심이 있었다. 그리하여 자신이 잘 모르는 문제를 처리하게 되면 당황하여 정체성에 위협을 느꼈다.
- 왈도는 사랑받고 싶어 했다. 자아가 강했던 것이다. 자아는 긍정적 역할도 하지만 때로 방해 요인이 되기도 한다. 왈도는 부서원들이 자기를 좋아해주기를 바랐다. 나쁜 소식을 전해야 하는 입장이 되었을 때 부서원들이 자신에게 어떤 반응을 보일지 두려웠다.

왈도의 의사결정은 좋은 뜻에서 나왔다고는 하지만 본질적으로는 부서보다는 자기를 우선하는 의미가 컸다. 왈도 자신도 부서원들에게 정보를 알리지 않은 것이 자신의 불안과 두려움 때문이었음을, 계속 그렇게 행동한다면 10년 가까이 힘들게 쌓아온 부서원들과의 신뢰 관계에 금이 가고 말 것임을 인식했다. 결국 왈도는 부서원들에게 자신이 아는 모든 정보를 공개했고 이로써 대화의 물꼬가 트였다. 구조조정이라는 전환을 극복하고 방향을 잡기 위해 꼭 필요한 대화였다.

Note

- 고용 계약 연장 혹은 갱신 상황이라면 상대에게 무엇이 협상 가능하고 무엇은 그렇지 않은지 분명히 설명하라.
- 명확한 범위와 기대를 설정하고 상대가 스스로 선택하도록 하라.
- 당신이 관리자라 할지라도 직원들처럼 구조조정과 정리해고의 대상이 될 수 있다. 당신 자신의 기대에 대해서도 솔직해져라.

31

단계마다 다른 전략이 필요하다

변화의 한복판에서 인간은 슬픔과 상실감을 느끼게 된다. 바라던 미래가 상실되고 인간관계가 변화한 것에 슬퍼한다. 직장과 경제적 안정이 모두 사라져버리기도 한다. 퀴블러 로스가 정리한 슬픔의 단계는 구조조정, 정리해고, 퇴직으로 경험하게 되는 슬픔과 상실을 극복하는 데도 유용한 틀이 된다.

슬픔의 다섯 단계

퀴블러 로스의 모델은 다섯 단계로 이루어진다. 각 단계에서 개인이 느끼는 감정의 크기, 각 단계에 소요되는 시간은 크게 차이가 날 수 있다. 슬픔의 다섯 단계는 부정, 분노, 타협, 절망, 그리고 수용으로 나누어볼 수 있다.

1) 부정 단계

부정 단계의 사람들은 '난 괜찮아. 아무 일 없어'라거나 '나한테 이런 일이 일어났을 리 없어'라고 생각한다. 부정은 대개 일시적인 방어막으로 끝난다. 다음으로는 그 변화가 자신과 가족에게 미치는 영향을 인식하기 시작한다.

이 단계에서는 다음과 같은 노력이 필요하다.

- 계속 생겨나는 질문에 답하고 논의하기 위한 모임에 참여하기
- 여러 매체를 통해 지속적으로 메시지 주고받기
- 다음에 어떤 단계들이 이어질지 인식하기

2) 분노 단계

'어째서 내가? 이건 공평하지 않아!' 혹은 '대체 무엇 때문에 내게 이런 일이 일어난 거지?'라는 생각을 하는 단계이다.

두 번째 단계로 진입한 사람은 더 이상 현실을 부정하지는 않게 된다. 이 단계에서 필요한 일은 다음과 같다.

- 상황을 객관화하기
- 문제보다는 해결책에 초점을 둔 대화
- 마지막 최종 결말이 아닌, 바로 다음 단계에 집중하기

3) 타협 단계

타협 단계가 되면 '직장을 잃지 않기 위해서라면 무엇이든 하겠어' 혹은 '일할 수만 있다면 월급을 적게 받아도 좋아'라고 생각하게 된다.

이 세 번째 단계에서 사람은 변화를 뒤로 미룰 수 있다는 희망을 갖는다. '어차피 닥쳐올 일이라는 걸 알지만, 최대한 그 시점을 늦추고 싶어'라는 심리이다. 이 단계에서 할 일은 다음과 같다.

- 상황이 바뀔 수 없음을 명확히 하기
- 긍정적 마음가짐을 더욱 키우기('미처 고려하지 못한 다른 해결책이 있을지 몰라.')
- 도움이 될 자료, 웹사이트, 프로그램 등을 찾고 시도하기

4) 절망 단계

절망 단계에서는 '슬퍼 죽겠는데 다른 데 신경 쓸 겨를이 어디 있어?'라든지 '이게 내가 아는 유일한 직업이야. 다른 일은 아무 의미도 없어' 혹은 '대체 누가 내게 기회를 주겠어?'라고 생각한다.

이 네 번째 단계를 보내면서 비로소 변화를 확실하게 이해하기 시작한다. 기존 직장과 그곳의 인간관계와의 단절도 시작된다. 이 단계를 잘 극복하도록 도울 방법은 다음과 같다.

- 공감을 표시하고 힘든 경험임을 이해하기
- 성공적으로 변화를 극복한 과거 경험을 상기시키며 희망 불어넣기

- 슬픔과 상실감을 처리할 시간 주기

5) **수용 단계**

수용 단계가 되면 '괜찮아질 거야'라든지 '맞서 싸울 수는 없지만 준비는 할 수 있을 것 같아'라는 생각을 하게 된다. 이 마지막 단계에서 변화를 받아들이고 미래의 가능성에 보다 열린 마음이 된다. 이 단계에서 필요한 일은 다음과 같다.

- 행동으로 이끌기(행동은 상황을 더 명확하게 만들고 미래에 대한 의사결정을 돕는다.)
- 미래 계획을 수립하도록 돕기
- 선택을 지지하기

고난을 극복할 길을 찾아야 하는 이들에게 슬픔과 상실 단계에 대한 이해는 아주 중요하다. 구조조정을 거치는 중이라면 부서원들 한 명 한 명을 주의 깊게 관찰하라. 슬픔과 상실의 단계에서 어디쯤 위치하고 있는가? 분노하는 사람이 있는가? 풀이 죽은 사람도 있고 열성적으로 헤쳐나가려는 사람도 있을 것이다. 단계마다 서로 다른 전략이 필요하다. 당신과 부서원들 모두가 전환에서 최선을 얻어낼 수 있도록 하라.

혼란은 혁신의 원천

구조조정, 정리해고, 퇴직, 상해나 질병은 직장 혹은 업무에 커다란 혼란을 낳는 사건이다. 이런 혼란의 부수적인 효과 중 하나는 상황을 다른 눈으로 보게 해준다는 데 있다. 전에 효과적이었던 것이 변화된 환경에서는 더 이상 효과적이지 않게 된다. 선도적 기업들은 의도적으로 혼란을 만들어내기도 한다. 혼란이 혁신의 원천임을 알기 때문이다. 수용의 단계에 도달한 사람들은 혼란을 어떻게 처리하고 벗어날 것인지 방법을 찾게 된다. 전에는 한 번도 생각지 못했던 방법을 시도하기도 한다. 그리고 바로 여기서 유능한 리더가 탄생한다.

혼란은 우리 삶을 뒤흔들어 '내가 진정 하고 싶은 일은 무엇일까?' '내게 정말로 중요한 것은 무엇일까?'와 같은 질문을 던져주기도 한다. 10년 동안 같은 일을 해온 회사원이 있다고 하자. 자기 일을 싫어하지는 않지만 그렇다고 사랑하지도 않는 상태이다. 구조조정이나 정리해고 같은 상황을 통해 이런 사람은 늘 원했던 새로운 일을 추구할 기회를 얻을 수도 있다.

구조조정, 정리해고, 퇴직이라는 큰 사건으로 전환이 필요한 시점에는 그 경험으로 미래가 어떻게 좋아질 수 있을지 생각해보라. 다음과 같은 질문이 가능하다.

- 변화된 상황에서 전에 생각지 못했지만 가능해진 일은 무엇일까?
- 그동안 미뤄왔지만 이제 가능해진 일은 무엇일까?

- 내가 삶에서 제거했으면 하는 요소는 무엇인가? 그 요소를 제거하면 어떤 일이 일어날까?
- 이런 상황을 새로운 시각에서 바라볼 수 있도록 도와줄 수 있는 사람은 누구일까?

Note

- 상대가 분노한다고 놀라지 말라. 분노는 슬픔과 상실의 한 부분이다. 그리고 금방 지나가는 감정이기도 하다.
- 위대한 리더는 더 나은 미래에 대한 희망을 불어넣는 사람이다. 불확실한 상황에서 어떻게 희망을 불어넣을 수 있을지 고민하라.

advice 불편한 상황을 바라보는 심리학&행동과학적 관점

구조조정, 정리해고, 퇴직이라는 3대 사건이 야기하는 혼란은 사실 엄청나다. 당신이 관리자라면 이 청천벽력 같은 소식을 전하는 입장이 되기 쉽다. 당신의 통제 범위 바깥의 일에 대해 책임져야 하는 입장에 놓이기도 한다. 하지만 깊이 들여다보고 차근차근 접근하다 보면 생각보다는 덜 끔찍하고 덜 무서운 일일 수 있다.
시간을 내 전환을 겪는 사람 곁에서 함께 어려움을 나눈다면 당신과 상대 모두 고난을 헤쳐갈 힘을 얻게 된다. 솔직해져라. 작은 성공을 자축하고 미래에 가능한 일들에 대해 희망을 가져라. 이런 경험에서 얻는 교훈은 상상하는 것보다 훨씬 크다.

행동과학자의 시각

큰 기업들이 회사 규모를 줄이거나 구조조정을 단행할 때 아직도 동원하는 낡은 방식을 이제는 버릴 때가 되었다. 이사회나 중역들이 결정을 내리고 공개 발표 전까지는 서로 비밀을 지키기로 약속하는 방식 말이다.
이 방식은 이론적으로도 취약하고 현실적으로는 더더욱 문제이다. 우선 비밀이 절대 회의실 안에만 머물지 않는다는 점이 있다. 사람들은 똑똑하기 때문에 발표 훨씬 전부터 변화를 눈치 챈다. 늑장 발표가 나면 냉소적이고 불신에 찬 직원들이 적극 항의하게 마련이다.
이사도 사람이므로 감정이 있다. 구조조정과 같은 위험한 뉴스를 공개하지 않고 감추는 데 가장 크게 작용하는 감정은 두려움이다. 직원들이 어떻게 반응할지 두려워하거나, '직원들이 부정적으로 나오면 어쩌지?' 혹은 '잘못하면 회사 수익에 큰 손실이 날 텐데'와 같은 생각을 하는 것이다. 현명한 리더들은 구조조정 상황에서 두려움에 굴복하지 않는다. 두려움을 딛고 일어서야 한다.

심리학자의 시각

나는 수년 동안 직업 재활 분야에서 일하면서 질병이나 상해를 입은 사람들이 다시 일터로 돌아가도록 도왔다. 그 과정에서 나는 인생 최대의 혼란이 동시에 최대 성공의 원천임을 알게 되었다.

한번은 건축업자를 상담하게 되었다. 건축으로 뼈가 굵은 그 사람은 부상으로 더 이상 건축 일을 하지 못하게 되자 자기 세계가 완전히 무너지는 충격을 겪었다. 하지만 6개월 후 다시 만난 그는 대단히 성공적인 전환을 이루고 다른 삶을 살고 있었다. 힘든 시기를 보낸 후 부동산 중개인으로 일하게 되었던 것이다. 새로 시작한 일이 아주 마음에 들고 직장에서도 인정받는다고 하였다. 나를 보자 그는 눈물까지 글썽거리며 "고맙습니다. 이 일을 왜 몇 년 전에 시작하지 않았나 후회될 정도예요"라고 말했다. 혼란과 고난은 이전에 그 가능성을 전혀 알지 못했던 미래를 가능하게 만드는 힘이다.

컨설턴트의 시각

직원들이 변화와 전환에 감정적으로 반응하는 모습을 지켜보면서 "그냥 넘어가주면 안 되겠어!"라고 고함지르고 싶은 때가 있지 않은가? 어차피 직장 생활에서 혼란 상황은 피할 수 없는데 그에 대한 직원들 한 명 한 명의 개인적 감정적 반응을 살피는 것이 당신의 업무는 아니라고 여겨질지도 모른다. 하지만 큰 변화의 시기에 직원들을 제대로 다독이고 지원하지 못한다면 조직 전체에 갈등과 불신의 골이 생겨나곤 한다.

인간적 반응을 무시하지도 말고 그렇다고 심리분석을 시도하지도 않는 중간길을 택하라. 비판적이지 않은 자세로 직원들에게 마음을 열면 좋은 결과를 얻을 것이다. 슬픔과 감정적 상처가 지극히 당연한 반응임을 인정하라. 그 상처를 당신이 치료해야 하는 것은 아니다. 그저 당신이 도와주고 지지한다는 점만 알려주면 된다.

32

위기가 닥쳤을 때 해야 할 말

위기의 순간에 보이는 행동처럼 사람을 잘 드러내는 것은 없다.

– 랠프 소크먼Ralph W. Sockman

심리적 압박을 받을 때 사람의 본모습이 드러난다는 말은 익히 들어보았을 것이다. 불시에 위기가 닥쳤을 때 당신은 어떤 반응을 보이는가? 얼마나 효과적으로 반응하고 있는가? 위기 상황을 맞아 긍정적인 결과를 만들어낼 수 있는가? 혹은 모든 일이 엉망진창으로 되고 마는가?

위기란 사전 예고 없이, 그 방향을 짐작하기 어려울 정도로 급작스럽게 닥쳐와 중요한 목표에 위협을 가하거나 변화를 요구하는 특별한 종류의 도전이다. 위기 상황을 다루는 데 핵심이 되는 것은 세 가지로 나누어볼 수 있다. '위기에 어떻게 대처하는가', '위기 이후를 어떻게 처리하는가' 그리고 '미래의 위기에 어떻게 대비하는가'이다. 여기서는 '위기에 어떻게 대처하는가'에 관한 내용부터 살펴보며 당신의 직장생활에 어떻게 적용할 수 있는지 알아보자.

개연성보다 가능성

단순한 대처 반응만으로는 위기의 순간을 성공적으로 넘어가기에 부족하다. 위기 상황을 잘 처리하는 사람에게는 공통된 특징이 있다. 올바른 사고방식으로 무장되어 있다는 것, 그리고 본성을 탓하며 주저앉지 않는다는 것이다.

위기 상황에서 원하는 결과를 얻기 위해서는 긍정의 마음가짐을 실천하는 것이 중요하다. 첩첩이 쌓인 반대 요소들 가운데에서도 가능성을 바라보아야 한다.

가능성을 보지 못하면 성공을 얻을 확률이 확 떨어진다. 당신이 이끄는 영업팀이 두 달 연속 목표치의 절반을 달성하는 데 그쳤고 연말까지 그 추세가 지속될 경우 구조조정을 당할 상황이라고 가정해보자. 어차피 상황이 나아질 확률이 높지 않다고 체념해버린다면 실패는 불 보듯 뻔하다. 시도조차 해보지 않고 목표 달성이 불가능하다고 생각하는 순간, 우리 두뇌는 그야말로 눈 깜박할 사이에 동기부여나 노력에 대한 가능성을 차단해버리기 때문이다. 왜냐고? 이는 에너지를 아끼기 위한 인간의 생존 메커니즘이다. 먼 과거에는 배불리 먹을 가능성보다 굶을 가능성이 훨씬 많았고 그래서 우리는 에너지를 아끼는 방식으로 진화했다.

에너지 보존은 생존에, 그리고 효율적 업무에 중요하다. 하지만 때로 에너지 보존 메커니즘은 우리가 원치 않는 방향으로 작동하기도 한다. 위기에 효율적으로 대처하려면 에너지와 창의성, 개방성이 필요하다. 우리 두뇌가 그 방향으로 작동하게 하려면 계속 자극을 가해야 한다. 자칫 불가능해 보이는 일이라며 두뇌가 에너지를 차단해버리지 않도록 말이다.

2008~2009년, 세계 금융 위기의 여파로 해외 지사들을 폐쇄해야 할 지경까지 내몰린 미국 자동차 산업계에는 향후 몇 년 간 성장 가능성을 회의적으로 보는 리더들이 대부분이었다. 기업들은 그 해 2사분기까지 생존하지 못할 것이라 예측되었다. 대상 고객층의 감소와 비용 증가라는 요인으로 볼 때 산업 쇠퇴는 피할 수 없는 현실 같았다. 그렇게 가장 개연성 있는 상황만 예상하고 야심찬 목표를 추구하지 않은 기업들은 결국 그대로의 결과를 맞았다.

용기를 잃어버리면 차이를 만들어낼 시도조차 하지 않게 된다. 그럼 실패하리라는 예상이 당연히 실현되고 만다. 반면 '개연성보다 가능성'에 초점을 맞추었던 리더들은 혁신을 이루어 위기 상황에서 빠져나올 수 있었다.

위기를 보란 듯이 극복하겠다는 희망을 가지려면 문제 해결이 가능하리라고 상상할 수 있어야 한다.

압박을 이겨내는 연습

위기를 벗어날 가능한 해법들이 머릿속에 떠올랐다 해도 이를 실천하려면 역시나 타고난 능력이 필요하다고 생각하는가? 위기 대처 능력은 선천적 특성이라고 여기는 경우가 많다. '샘은 압박이 큰 상황에서도 냉철함을 잃지 않아. 정말 대단한 유전자라니까'라는 식으로 생각하는 것이다. 당신에게는 없는, 대단히 운 좋은 이들만 타고 태어난 특별한 리더십 유전자라도 있는 듯 말이다. 하지만 위기 대처 능력은 선천적 재능이 아니다. 인생을 통해 단련되는 준비 태세이다. 우리 저자들은 단연코 그렇게 확신한다. 위기 상황에서 발휘되는 탁월한 리더십이 뼈를 깎는 노력의 결과임을 너무도 자주 목격하고 있기 때문이다.

스탠포드대학교의 캐롤 드웩은 고정된 마음 자세와 성장 지향 마음 자세를 비교, 제시한다. 고정형 마음 자세란 능력을 타고난 재능으로 보고 노력을 통한 개선의 여지가 별로 없다고 여기는 태도이다. 반면 성장 지향 마음 자세에서는 능력이 가변적이고 따라서 시간과 노력을 통해 크게 개선될 수 있다고 본다. 스트레스를 다루는 능력이 학습 가능하기보다는 선천적으로 정해졌다고 여기면서, 동시에 자신의 타고난 능력이 썩 좋지 않다고 평가하는 사람이라면 불편한 일과 상황을 가능한 한 피하려고만 들 것이다.

위기 상황에서 성장 지향의 마음 자세를 가지면 굉장한 일이 일어난다. 위기는 효과적인 대응 기술을 기르기 위한 기회이고 성장 지향의 마음 자세를 갈고닦을 수단이 된다. 실적 부진으로 공개적 비판을 받는다거나 중요한 회의에 늦었다거나 핵심 고객이 제대로 관리되지 않았다거나 매출 기록에 실수가 있었다거나 해서 뚜껑이 열리는 상황이 되면 일단 그 상황을 어떻게 다룰 것인지 생각하라. '압박을 이겨내는 연습이야. 여기서 또 많이 배워야지'와 '이미 압박 경험은 충분히 많이 해봤어. 어차피 내가 할 수 있는 일도 많지 않아' 중에서 당신은 스스로에게 어떤 말을 하고 있는가? 두 번째라면 마음 자세를 바꾸고 성장 가능성을 보아야 할 시점이다.

하지만 성장 지향의 마음 자세가 마음먹은 대로 금방 만들어지지는 않는다. 특히 압박이 거센 상황이라면 더욱 그렇다. 충분히 연습이 되어 있지 않다면 두뇌의 본능적 부분이 작용해 곧 그 마음 자세를 압도해버리고 만다. 분노 상황에서 감정이 이성을 압도하듯 압박 상황에서도 파충류의 뇌가 문제 해결 메커니즘을 장악해버린다. 위기 상황은 물리적 위협을 받았을 때 작동하게 되는 본능적 생존 반응인 '도망치기 혹은 맞서 싸우기' 반응을 불러일으킨다. 우리 두뇌는 상황을 물리적 공격으로 인식해 아드레날린과 노르아드레날린 호르몬을 분비하고 격렬한 근육 운동을 준비한다. 재빨리 도망치거나 아니면 맞서 싸움을 벌일 수 있도록 말이다.

기업이 위기를 맞은 상황(예산감축이나 구조조정)에서 직원들이 '도망치기 혹은 맞서 싸우기' 반응을 보이게 되면 일상 업무에 대한 책임감 같은 사소한 일은 관심에서 멀어진다. 위기 상황에서 역량을 발휘하는 사람은 다른 직원들이 제대로 회의를 하고 직원 서비스를 해내도록 동기를 부여한다. 생존 반응을 조정하고 압박에 지혜롭게 대처하는 능력이 발휘되는 것이다. 이들은 두뇌가 인식한 위협을 처리 가능한 것으로 해석하고 심호흡, 사고의 일시정지, 상황 객관화 등 진정 전략을 동원함으로써 대뇌변연계에 사로잡히는 일을 피한다.

냉철한 이성을 발휘하지 못한다면 방법은 첫째, 가능성을 믿고 또한 자신의 능력이 고정적이기보다 유연하다고 여기는 것이고 둘째, 강력한 생존 감정의 정체를 밝히는 연습을 하는 것이다. 위협을 느낄 때 자동적으로 반응하는 대신, 자기 반응에 대해 생각하는 시간을 가짐으로써 더 효과적인 방식을 선택할 수 있게 된다.

case study 신임 이사가 겪은 최악의 악몽

샌디는 중간 규모 기업의 이사로 임명되어 일을 시작하자마자 위기를 맞았다. 두 달이 채 안 되었을 때 한 관리자와 직속 상관 사이의 공개적 불화에 대한 불만이 접수되었고 한 중역의 성 차별 의혹도 터졌다. 동시에 샌디는 회사 전체 구조를 뒤흔들게 될 합병 작업을 맡아야 했다. 연이은 악재로 회사는 마구 휘청거렸고 최고 인재들은 제대로 협력이 이루어지지 않는 기업 문화를 탓하면서 다른 직장을 알아보느라 분주했다. 회사의 매출도 급감했다.

샌디 자신도 혼란에 빠졌다. 도무지 길이 보이지 않았고 자신이 문제 해결에 적합한 인물인지도 알 수 없었다. 그래서 처음에는 눈앞에서 터지는 첨예한 사건들과 맞서지 않고 몸을 움츠린 채 지나가버리기를 기다렸다. 하지만 이런 태도는 문제를 더욱 악화시켰다. 이사회에서는 샌디가 제대로 권위와 능력을 보이지 못해 결국 회사가 더 어려워졌다고 비난했다.

샌디는 새로 맡은 역할에서 실패할까 봐 두려웠고 혼란 속에 추락해가는 회사를 책임질 엄두가 나지 않았다. 자신감이라고는 찾아보기 어려웠다. 하지만 지속적인 상담과 훈련을 통해 통제력을 되찾을 수 있었다.

마침내 샌디는 과업 지향의 마음 자세를 갖추었다. 비난할 상대가 아닌, 문제 해결 행동을 찾아야 한다는 점을 인식했고 자신이 처한 상황을 위협이 아닌 도전으로, 리더로 성장할 기회로 여기게 되었다. 회사 내 분위기를 점검하여 문제점을 분명히 하고 관리자들과 솔직한 대화의 장을 열며 위기관리 능력 훈련 과정을 제공하는 등 우선적으로 처리해야 하는 일들에 관심을 집중했다. 자신의 통제 범위 밖에 있는 사안, 예를 들어 상반기의 손실액이나 핵심 투자자들의 이탈, 더 빨리 문제를 규명하고 해결하지 못한 자신에 대한 죄의식 등에 대해서는 생각하지 않기로 했다.

2년이 흐른 후 회사 매출은 두 배로 뛰었고 해당 업계에서 상위 100위 안에 포함되었다.

샌디가 자신이 처한 상황을 어떻게 잘 헤쳐나갔는지에 대해서는 이후 다시 설명하겠다. 이제는 위기 상황을 다루는 두 번째 핵심인 위기 이후의 처리에 대해 살펴보자.

Note

- 위기는 까다로운 상황 중에서도 특별하다. 예측불가능성, 불확실성, 기존 목표에 대한 위협, 변화 필요성 같은 면에서 그렇다.
- 위기 상황에 대처하는 방법을 관리하라.
- 개연성을 넘어 가능성을 바라보고 성장 지향의 마음 자세를 지속적으로 연습하라.
- 위기 상황에서 효과적으로 행동하는 것은 타고난 특성이 아닌, 평생에 걸쳐 연습된 준비 자세이다.

33

위기 이후 처리해야 할 두 가지

긴급 상황은 지나갔고 '도망치기 혹은 맞서 싸우기' 반응도 사라졌다. 앙금이 좀 남아 있기는 해도 전체적으로 평화롭다. 위기의 결과를 평가하고 전열을 가다듬어야 할 시점이다. 위기 이후에 처리해야 할 일은 두 가지이다. 첫째, 위기 상황을 거치면서 격앙된 감정을 해소하는 것, 그리고 그 경험에서 의미를 찾는 것이다.

감정 해소하기

위기의 절정을 무사히 넘겼다면 이제 감정을 신속하게 해소할 차례이다. 가능한 한 빨리 위기 상황이 야기한 감정들을 인식하고 처리해야 한다.

논쟁을 벌인다거나 하는 상황에서는 자신의 모순을 드러내는 것이

불리한 전술일지 모른다. 하지만 위기 상황에서라면 자기모순과 불확실성을 충분히 인식하고 잘 관리해야 한다. 이사진의 결정이 효과적이라는 점을 설득하는 과정에서, 혹은 더 심한 후유증을 예방하는 과정에서 누군가를 배려하지 못했다면 상황이 종료되자마자 감정적 여진을 해소해야 한다. 감정 해소의 중요성은 아무리 강조해도 지나치지 않다. 직장에 닥친 대혼란 이후 상황을 잘 극복했다고 말하는 사람들도 알고 보면 자기 자신의 감정 상태를 잘못 파악하는 경우가 많다.

베트남 전쟁 등에 참전했던 군인들 가운데 오랫동안 외상 후 스트레스 증후군에 시달린 사람들이 얼마나 많았는지 생각해보라. 감정적 트라우마를 억누르려는 노력은 몇 분, 기껏해야 몇 시간의 효과를 내는 데 불과하다. 정신의학 분야에서 발표된 최근 연구에 따르면 2001년 뉴욕 월드트레이드센터 테러 공격 이후 직장의 주선으로 위기 상담을 받은 이들은 받지 못한 이들에 비해 과도한 음주, 알코올 의존, 외상 후 스트레스 증후군, 우울증과 불안 등 모든 영역에서 보다 긍정적인 결과를 나타냈다고 한다.

테러리즘의 희생자가 되는 것은 위기 중에서도 가장 극단적인 경우이고 따라서 사람들이 직장에서 맞이하는 위기와는 조금 다를지 모른다. 그렇다 해도 사람들의 감정을 인식하고 관리하는 문제는 어디서나 중요하다. 심리치료사가 되라는 뜻은 아니다. 하지만 직장에서도 다음 유용한 몇 가지 기법을 동원하며 최선을 다할 수는 있다.

- **공감하기**: 상대의 입장이 되어 어떤 느낌일지 상상하고 공감의 마

음을 전하라.

- **누구의 어떤 감정이든 이상하게 보지 않는다고 공언하기:** 위기 앞에서 나타나는 무수한 감정들은 모두 정상 범위에 들어간다. 옳은 느낌, 그릇된 느낌이란 존재하지 않는다.
- **직원들이 자기 감정을 받아들이도록 이끌기:** 감정을 차단하고 무시하기보다는 받아들이는 편이 훨씬 효과적이다.

당신이든, 다른 직원들이든 위기로 인한 감정 처리에 어려움을 느낀다면 전문적인 도움을 받도록 하라.

의미 부여하기

위기의 정점이 지나가고 나면 그 위기가 왜 발생했고 거기서 어떤 교훈을 얻어 성장할 수 있는지 다른 직원들과 함께 생각하는 시간을 가져라. 그저 위기가 지나갔다는 것에 안도하며 기억 속에 묻어버린다면 그 상처가 언제 되살아날지 모른다. 위기 동안 직장 내 인간관계에 갈등이 있었다면 위기 종료를 계기로 긴장이 일단 가라앉았다 해도 다시 위기가 닥칠 때 갈등이 재현될 가능성이 높다.

위기 경험에 긍정적인 의미를 부여하는 것은 효과적인 정리 방법이다. 위기를 정리하고 의미를 부여하는 것은 창의성과 과감함이 요구되는, 쉽지 않은 일이다. 하지만 그 일은 앞으로 나아갈 힘을 얻고 미래 위기에 대처하도록 만들어준다. 어째서 모든 일이 일어났는지에 대한 긍정적인 원인 부여가 필요하다. 예를 들어 '힘들었지만 구조조정은 우리가 어떻게 더 효율적으로 시간을 관리할 수 있을지 생각하게 해주었다' 혹은 '전략을 바꿈으로써 스폰서를 셋이나 잃어버릴 필요는 없었어. 하지만 그 위기는 전환점이 되어주었지. 바꾸려 하지 않았다면 혁신적 성장을 꾀하지도 못했을 거야'라고 생각하는 것이다.

위기를 돌이켜보면 격한 감정이 들기 마련이다. 하지만 긍정적인 의미를 부여할 수 있다면 평생 그 감정에 머무르는 대신 극복하고 나아갈 수 있게 된다.

Note

- 위기 상황 이후를 처리할 전략을 개발하라.
- 성격이나 능력, 통제 불가능한 결과 등이 아닌 문제 해결 행동에 에너지를 집중하라.
- 위기의 절정이 지나간 다음에는 사고와 감정 모두에 손상이 있을 수 있다는 점을 인정하고 그 손상을 기능적으로 해결하도록 노력하라.
- 위기 상황을 돌이켜보며 긍정적 의미를 부여하고 성장의 기회를 찾아라.

34

미래의 위기에 어떻게 대비하는가

앞서 우리는 가능성과 개연성에 대해 언급했다. 사례에서 소개한 샌디의 경우를 보면 주변에서 벌어지는 부정적 상황에 마음을 빼앗기는 대신 제일 먼저 필요한 행동에 나서는 것이 얼마나 중요한지 알 수 있다. 고속도로에서 충돌 사고가 났을 때 다른 운전자들이 잘 피해 지나가지 않고 사고 현장을 구경하느라 정신이 팔리면 곧 정체가 심해지고 후속 사고가 나는 것과 마찬가지이다. 사고가 왜 났는지를 생각한다면 교통 정체를 유발하는 역할은 하지 않게 될 것이다.

통제 가능한 것을 통제하기

미래의 위기에서는 행동에 초점을 맞춰야 한다. 그렇다고 아무 행동이나 하라는 것은 아니다. 위기 상황에서 제일 중요한 것은 변화를 만드는 행동, 당신이 통제할 수 있는 대상에 대한 행동이다. 우리는 까다로운 상황을 잘 헤쳐나가는 리더들의 공통점이 '100%이기를 포기하기'에 있다고 생각한다. 피할 수 없는 실패는 받아들이고 통제할 수 있는 부분에서는 최선을 다하는 것이다. 통제 불가능한 실패에 매달리다 보면 우선 필요한 행동에 배정해야 할 귀중한 자원이 손실될 뿐이다. 예를 들어 4사분기 매출 목표 달성이 어려운 상황이라면 앞서 3사분기까지 일어났던 일들에는 신경 쓸 필요가 없다. 그건 다 지나간 과거일 뿐이다. 다른 직원들을 붙잡고 세계 경제 상황이나 소비자 구매 성향의 변화를 한탄하는 것도 의미가 없다. 남은 두 달 동안 무엇을 어떻게 해야 할지 결정하는 것이 가장 급하다. 고정 고객에게 구매를 권유하는 것이 좋을지, 새로운 시장을 찾는 것이 좋을지 방법을 찾아야 한다. 물론 과거의 나쁜 실적이 무엇 때문이었는지 교훈을 얻는 것은 중요하다. 하지만 가장 우선적으로 필요한 일에 집중하는 것이 먼저이다.

태풍 카트리나와 리타가 미국을 강타한 후 군 복구 사업을 지휘한 러셀 오노레 장군도 우선순위의 중요성을 강조한 바 있다. "제일 먼저 해야 할 일이 무엇인지 신속하게 판단해야 한다. 생존자 구조가 1순위라면 이를 위한 방법에 논의를 집중하는 것이다."

계획은 적게, 실천은 많이

위기관리 전문가인 조나단 클라크와 마크 하먼은 효과적인 위기관리 계획의 두 가지 원칙을 다음과 같이 정리한다.

- 가능한 모든 위기에 대해 계획을 수립할 수는 없다.
- 위기 상황 대처 방법을 마련하고 연습함으로써 모든 것이 달라진다.

위기관리 분야의 연구들을 보면 상세한 위기 대처 시나리오를 미리 마련해놓아야 한다는 주장이 많다. 하지만 최근 연구에 따르면 이러한 계획 수립은 효율적인 위기관리와 전혀 상관관계가 없었고 심지어는 사전 계획이 상세할 경우 의사결정을 내리고 수행하는 데 방해가 되기까지 하는 것으로 나타났다.

직장에서 위기 대처 계획을 수립하는 것은 편안하게 집안 소파에 앉아 마라톤 완주 계획을 세우는 것과 비슷하다. 실제로 뛰지도 않으면서 계획만 세우는 것 말이다. 아무리 계획을 철저히 세운다 해도 달리기 능력은 향상되지 않는다. 위기 대처 계획만 세우고 연습을 하지 않는다면 마찬가지 결과가 빚어진다. 계획 수립만으로는 절대로 충분하지 않다.

위기 대처 계획을 수립하는 것보다는 위기에 대처하는 마음 자세와 행동을 일상 업무의 일부로 만드는 편이 훨씬 효과적이다. 리더십 전문가 매트 처치는 이를 두고 '연습된 즉각성'이라 불렀다. 규칙적인 연습을 통해 효율적인 습관이 형성되면 필요할 때 즉각 적용할 수 있다는 의미이다.

오늘날 우리에게 가장 큰 두려운 일 중 하나는 청중 앞에 나서서 연설하는 것이라는 조사 결과가 있다. 연단에 올라 청중들에게 설득력 있는 메시지를 전달해야 하는 상황에서 '도망치기 혹은 맞서 싸우기' 전략은 별 소용이 없다.

한번 떠올려보자. 당신 회사의 CEO가 하는 연설은 얼마나 능숙하고 효과적이었나? 코미디언들은 관객의 특성에 맞춰 얼마나 유연하게 전략을 바꿔가며 웃음을 유발하는가? 실패하여 웃음거리가 되지 않기 위해 필요한 것은 바로 연습이다. 무엇을 어떻게 말할 것인지를 다양한 순서와 방식으로 연습하여 운명의 그날이 되었을 때 유연성과 능숙함을 발휘하고 청중에게서 원하는 바로 그 반응을 이끌어내는 것이다. 즉흥적으로 보이는 연설도 실은 철저한 연습의 결과이다. 내용은 그대로이되 장소와 시간, 맥락에 맞춰 방법만 즉석에서 변화시키게 된다.

샌디의 사례에서 문제 해결 방법으로 선택된 것은 위기 때나 평소 때나 회사에 도움이 되는 방향이었다. 모든 직원에게 진실하고 개방적인 피드백을 주고 서로 북돋는 분위기를 만들었던 것이다. 사안이 지나치게 커지기 전에 까다로운 대화를 시작했고 핵심 인력들과 함께 팀의 감정 상태를 지속적으로 점검하여 필요한 조언이나 자원을 제공함으로써 긴장이 첨예해지는 것을 막았다. 효과적인 관리 기법을 익히고 연습함으로써 샌디는 미래에 닥쳐올 변화에도 대비 태세를 갖춘 셈이다.

당신의 일상 행동을 신중히 선택하라. 평화로운 시기에 그저 중간만

하겠다고 생각한다면 상황이 나빠졌을 때도 기껏해야 중간에 머무를 뿐이다.

Note

- 미래의 위기 사건을 예상하고 마음의 준비를 하라.
- 일부의 실패는 받아들여라. 하지만 통제 가능한 대상에 대해서는 성공하도록 최선을 다하라.

advice 불편한 상황을 바라보는 심리학&행동과학적 관점

아무리 준비를 열심히 한다 해도 위기에 완벽히 대비할 수는 없다. 위기는 즉각적인 거대한 변화를 야기한다는 면에서 단순 실패와는 다르다. 위기에 효과적으로 대처하려면 이 장에 소개된 핵심적인 마음 자세와 행동들을 평소에 늘 연습해두어야 한다.
위기에 맞선 완벽한 대응 따위는 없다는 점을 기억하라. 그래도 꾸준한 행동 연습을 이어간다면 위기 앞에서 다른 99%의 사람들보다는 유리한 위치에 서게 될 것이다.

행동과학자의 시각

나는 위기 상황이야말로 가장 귀중한 교훈을 얻을 기회라고 생각한다. 학생이 되는 것은 어렵지만 거기서 얻는 교훈은 자기 행동을 돌이켜보고 분석하게끔 만들어준다.
자기 자신을 진단할 용기를 내라. 스스로에게 까다로운 질문을 던져라. 어떤 변화를 이뤄낼 수 있는지 검토하라. 이 학습이 미래의 행동을 좌우해 성공으로 이어질 것이다. 계획대로 일이 진행되지 않는다고 자책할 필요는 없다. 어차피 위기 상황은 각본대로 가지 않는다. 다음번을 위해 공부하는 것이 중요하다.

심리학자의 시각

압박이 거센 시기가 되면 리더들이 다음 단계를 결정하느라 지나치게 서두르는 모습을 보인다. 실제로는 그렇게 급박하게 굴지 않아도 되는데 말이다. 그래서 나는 리더들을 상대로 상담할 때 '의사결정 휴식기'를 갖도록 권고하곤 한다. 충분히 정보를 수집하고 다음 단계를 결정하기 위한 시간을 확보하라는 것이다. 이 시간은 5분일 수도, 30분일 수도, 하루 이틀일 수도 있다. 어떻든 의사결정 압박에서 한걸음 물러서 여유를 가져야 한다는 점이 중요하다.

위기 상황에 풍덩 뛰어들기 전에 잠시 물러앉아 최선의 결정을 내리는 것, 이것이 위대한 리더가 보여주는 특징이다.

컨설턴트의 시각

프로 운동선수들과 여러 차례 상담을 진행하면서 "압박을 느끼는 상황에서 더 잘해내려면 어떻게 해야 하죠?"라는 질문을 무수히 들었다. 마치 마법의 약이라도 존재하지 않을까 기대하는 듯한 눈빛들이었다. 내 제안은 그 과정 또한 발전의 계기로 삼으라는 것이다.

위기 상황을 통제해 좋은 성과를 얻는 최상의 방법은 일상적으로 유연한 마음자세를 연습하는 것이다. 결과에 대해, 실패와 성공에 대해 유연하게 생각하는 습관을 들여라. 첫째, 오늘의 결과는 당면한 도전에서 당신의 지식과 기술이 드러내준 점수라고 보아야 한다. 변화 불가능한 고정된 능력에 대한 점수가 아닌 것이다. 둘째, 실패는 미래의 반응을 개선하기 위한 피드백이라고 여겨라. 당신이 충분히 훌륭하지 못해 포기하는 것이 좋겠다는 피드백이 절대 아니다.

가능성을 보고 행동을 지속하라. 윈스턴 처칠이 말했듯 '절대로, 절대로, 절대로 포기하지 말라'.

35

"잘 모르겠으니 밀어붙이지 않겠어."

행복은 강도의 문제가 아니라 균형, 질서, 리듬, 조화의 문제이다.

- 토머스 머튼Thomas Merton

까다로운 대화를 풀어가기 위해 지금껏 소개된 행동적 심리적 접근 방식들을 이 책을 마무리할 시점에 이르러 다시 한번 돌이켜보자. 까다로운 대화를 하는 상황에서 명확한 방향을 잡고 원하는 결과를 얻으려면 연습과 노력이 꼭 필요하다.

직장에서 당신이 최고였던 때를 기억해보자. 스무 가지 업무를 하면서도 무엇 하나 문제되는 것 없이 술술 풀려가던 때 말이다. 심리학 전문가인 칙첸트미하이는 이를 '몰입'이라 부른다. 그런 상태의 당신을 사진에 담았다면 어떤 모습이었을까?

이번에는 업무 처리가 최악이었던 시점을 생각해보자. 아주 사소한 일도 힘겹고 지치게 느껴지고 계획대로 되는 것은 하나도 없는 상황 말이다. 가뜩이나 바쁜데 열쇠를 넣은 채 자동차 문을 잠근다든지 카페에 지갑을 두고 나오는 실수까지 벌어진다. 이 때 당신 모습을 사진에 담았다면 그 모습은 어땠을까?

위의 두 상황에서 당신이 까다로운 대화를 처리하는 자세가 얼마나 다를지 상상해보라. 침착함을 유지하며 이성적으로 대화를 이어가는 능력은 업무가 영 안 풀릴 때보다 술술 풀릴 때 훨씬 더 잘 발휘될 것이다. 까다로운 대화에 임하는 자세에 따라 결과는 완전히 달라진다. 이 책에 소개된 실제적 전략들을 적용할 수 있는 능력과 성공 가능성도 마찬가지다.

까다로운 상황에서 중요한 대화를 잘해내는 능력은 압력과 스트레스를 얼마나 잘 처리하느냐에 달려 있다. 이를 위해서는 스스로를 잘 돌봐야 한다. 필요할 때 스스로에게 '충분히 에너지를 소진했어. 이제 다음 일을 하기 전에 나를 충전하고 활력을 높여야 해'라고 말할 수 있어야 한다. 삶에서 중요한 일들의 우선순위도 제대로 설정해야 까다로운 대화를 성공적으로 이끌 에너지가 보존된다.

정신이 신체보다 늘 강한 것은 아니다

휴식과 충전의 기회를 주지 않고 힘들게 일만 하는 방식은 오래 유지될 수 없다. 어느 시점엔가는 신체가 움직이지 않게 된다. 인간인 우리에게 감정적 신체적 한계는 분명히 존재한다. 나약한 인간임을 인정하는 일은 때로 힘들지 모른다. 하지만 에너지 수준을 관리하고 최고의 능력을 발휘하려면 그런 인정이 꼭 필요하다.

많은 스포츠 선수들은 더 많이(더 높이, 더 빨리)가 더 좋은 것이라 믿는다. 하지만 어느 한계를 넘어서면 신체가 피로 신호를 보내기 시작하고 심각한 부상이나 질병에 굴복하고 만다. 신체가 보내는 신호에 주의를 기울이지 않으면 장기적인 경기력과 건강에 손상을 입는다. 지속가능성이란 지구 환경 차원뿐 아니라 우리 개개인 차원에서도 중요하다.

완벽주의자들은 '더 완벽하게 해내기 위해 노력하면 안 된다고? 그게 말이 돼?'라며 이에 저항한다. 자기 한계와 취약성을 인정하려면 대단한 용기가 필요하다. 하지만 건강을 유지하고 개인적 직업적 목표를 계속 추구하려면 다른 길은 없다.

자신의 임계점을 파악하라

그동안 스트레스는 일종의 형벌로, 피해야만 하는 것으로 여겨졌다. 하지만 우리가 움직이고 행동을 취하고 결과를 얻기 위해서는 일정 수준의 스트레스가 늘 필요하다. 기한이 바짝바짝 다가오는 상황만큼 우리를 긴장시키고 행동하게 만드는 것도 없다. 도전이 다가오면 목표가 생긴다. 도전이 없고 모든 목표가 수월하게 달성된다면 한계 너머까지 자신을 몰아붙일 일이 없을 테고 자신이 생각보다 훨씬 많은 일을 해낼 수 있다는 점도 깨닫지 못할 것이다.

얼마만큼의 스트레스가 충분한가 하는 문제에서 중요한 역할을 하는 것이 임계점이다. 다음 그림의 실적 자극 곡선을 보면 최고조 실적 영역에 도달하기 위해서는 자극과 에너지, 일정 수준의 스트레스가 필요한 것으로 나타난다. 곡선의 제일 위쪽인 최고조 실적 영역에서 우리는 몰입 상태를 경험하고 압박과 능력 사이의 균형이 동등하게 맞춰진다. 하지만 임계점을 넘어서면 스트레스가 높아질수록 실적이 낮아지기 시작한다. 작은 일을 놓치게 되고 더 이상 모든 것을 장악하지 못한다. 그 이후에도 계속 압박이 높아지면 동료를 공격하고 분명한 일도 잊어버리는 지경에 빠지면서 실적이 더욱 형편없게 된다.

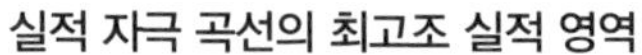
실적 자극 곡선의 최고조 실적 영역

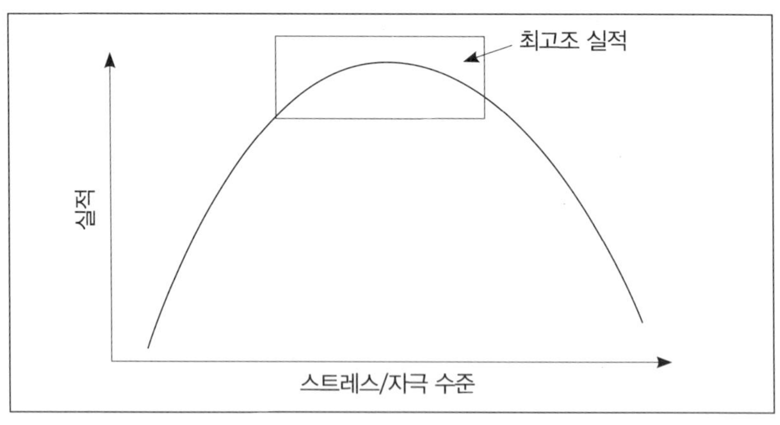

얼마만큼의 스트레스를 감당할 수 있는가는 개인에 따라 다르다. 감당하는 수준이 아주 높은 경우에는 스트레스가 강하면 강할수록 실적이 따라서 높아지는 것으로 보이기도 한다. 반대로 매주 정시에 부서 회의에 참석해야 한다는 정도의 압박을 힘겹게 여기는 사람도 있다. 삶의 다른 부분이 어떻게 흘러가는지에 따른 상황 맥락도 영향을 미친다. 평소 스트레스를 잘 감당하던 사람이라도 아픈 부모를 보살피는 상황에서는 유연함을 잃고 쉽게 불안에 빠질 수 있다.

자신의 임계점을 파악하라. 언제 압박을 더해야 할지 언제 느슨하게 해야 할지 알아야 한다. 곡선이 상향세일 경우 실적을 위해 동원하는 전략은 하향세일 때와는 전혀 다를 것이다.

균형 잡힌 접근

이 책의 저자 중 한 명인 션 리처드슨은 엘리트 스포츠 선수들이 스트레스 요소와 회복 방법에 대해 익히 알면서도 최고조 실적 영역을 넘어서버리는 바람에 결국 최대 목표 달성에 실패하고 마는 이유에 대해 연구해왔다.

예를 들어 세계 챔피언에 세 번이나 등극하고 6년 이상 그 분야 최고 선수 3인에 들었던 선수가 있었다. 그는 다가오는 올림픽에서 금메달을 따는 것이 목표였다. 반드시 금메달을 따야 한다는 생각에 이 선수는 한계를 넘어 과도한 훈련을 했고 결국 부상을 얻어 올림픽 출전을 포기해야 했다. 이후 오래 부진한 끝에 은퇴하고 말았다. 자신을 제대로 돌보지 못한 대가는 그처럼 컸다.

앞서 우리는 인간 행동의 ABC 모델을 살펴봤다. 당신에게 가장 중요한 자원인 당신 자신을 관리할 때에도 이 모델이 적용된다. 어떤 선행사건이 당신의 건강과 복지에 부정적인 결정을 내리도록 하는지 살펴라. 크고 중요한 목표를 추구하며 압박을 느낄 때 특히 이런 일이 일어난다.

스포츠뿐 아니라 업무에서도 최고조의 실적을 올리고 있을 때 휴식과 충전을 검토해야 한다. 잠시 중단하고 성취 못지않게 중요한 정신적, 사회적, 정서적, 육체적 충전을 위해 시간과 노력을 쏟아야 한다는 것이다. 필요할 때 원하는 수준까지 해내려면 스트레스와 충전 사이의 균형(높은 실적을 향한 음양 관계)을 절대 무시하지 말아야 한다.

문제는 과도한 업무가 널리 권장되고 그로 인한 방전 상태가 높은 실적의 상징처럼 여겨지는 분위기이다. 이는 마치 초 심지 양쪽에 불을 붙여 태우는 격이다. 여기서 다음 두 가지 부작용이 초래된다.

- 과로 상태는 문제 해결과 혁신을 방해한다.
- 사람들은 생산성이 아닌, 노동 그 자체에 매달리게 된다.

장기적으로 지속가능한 성과는 균형 잡힌 접근으로만 가능하다. 매일, 안 되면 매주 단위로 에너지 창고를 다시 채워야 한다. 특히 리더에게는 '지금은 한계치야', '당장은 할 수 없어', 혹은 '잘 모르겠고 그러니 밀어붙이지 않겠어'라는 의미의 행동을 필요할 때 할 수 있는 용기가 요구된다.

심각한 타격을 입히는 개인적 사건은 누구나 겪게 된다. 서구인 20%가 1년 이상 우울감과 병적 불안에 시달린다는 조사 결과도 있다. 대단한 수치가 아닌가! 직장 동료들에 대해 생각해보라. 분명 그중에는 개인적으로 감정적 위기를 겪고 있는 사람이 있을 것이다. 어떻게 대해야 할까? 이런 사람과 직장에서 예민한 대화를 하는 방법은 무엇일까? 치료사가 되어주지는 못해도 도와줄 수 있는 길은? 당신 자신의 감정적 부담은 어떻게 처리해야 할까?

- 우리 자신이 최고의 능력을 발휘할 수 있는 상태일 때 까다로운 대화도 잘 처리할 수 있다. 스스로의 상태를 점검하라.

36

압박을 더하는 전략과 압박을 줄이는 전략

편안한 상태에서 애써 몸을 떨쳐 일어나야 할 때가 있고 충전에 집중해야 할 때가 있다. 둘 중 어느 한쪽 상태에 너무 오래 머무르면 업무 실적이 망가진다. 최고조 실적 영역에 머무르기 위해서는 언제 에너지 수준을 바짝 당겨야 하는지, 언제 압박을 풀어야 하는지 알아야 한다.

압박을 더해도 될 상황

편안한 곳에 앉아 쉬는 것이 생산성 하락을 야기하는 일이 종종 있다. 생산성과 효율성을 높이기 위해서는 압박 수위를 높여 최적 실적 영역으로 진입할 전략을 짜야 한다. 이를 위한 몇 가지 방법을 소개한다.

- 규칙적으로 불편함을 찾아라. 한 주 이상 편안한 곳에 머물렀다면 이제 신발 끈을 고쳐 매야 할 시간이다(앞서 취약성을 다뤘던 부분을 참고하라).
- 나름의 목표를 설정하라. 상사가 5일 안에 일을 끝내라고 했다면 스스로 그보다 짧게 기한을 설정하는 것이다.
- 우호적인 경쟁 상대를 만들어 서로를 독려하라.
- 추가적인 업무나 역할을 맡아라.
- 업무를 위한 새로운 체계나 방식을 개발하라.

이 밖에 당신의 에너지 수준을 높일 어떤 도전적 방법이 있을지 고민해보라.

압박을 줄여야 할 상황

지나치게 높은 압박 수준 때문에 최고조 실적 영역을 벗어나 있는 상황이라면 압박을 줄여줄 필요가 있다.

최근의 심리학 연구에 따르면 충분한 수면과 영양 섭취만으로는 에너지 재충전이 이루어지기 어렵다고 한다. 특히 정신적, 신체적, 감정적, 사회적, 상황적으로 다양한 스트레스 요인들이 공존하는 경우라면 더욱 그렇다. 에너지를 빼앗아가는 스트레스 요인에 맞는 회복 행동을 해야 하는 것이다. 다음 사례를 보자.

- 주된 스트레스 요인이 수면 부족, 여행 피로 등 신체적인 것이라면 적절한 신체적 휴식을 하도록 하라. 수면 시간을 늘리고 영양가 높은 식사를 하며 마사지를 받는 등의 방법을 통해 몸을 이완시켜야 한다. 산책이나 자전거 타기 등 가벼운 운동도 도움이 된다.
- 업무 불안, 개인적인 삶의 사건 등 감정적인 스트레스 요인이 두드러진다면 감정적 회복 노력이 필요하다. 명상, 의지가 되는 친구나 동료와의 대화, 전문적인 상담과 심리치료 등이 도움이 된다.
- 직장이나 개인 생활에서의 인간관계, 무료함 등 사회적으로 스트레스를 받고 있다면 적절한 사회적 회복을 꾀하라. 저녁 시간 사교 모임, 영화 관람, 저녁 약속, 편안한 대화, 가벼운 신체적 활동이 유용할 것이다.
- 스트레스 요인이 정신적 혹은 인지적이라면, 예를 들어 의사결정의 압박이 큰 프로젝트에 매달려서 생겨난 스트레스라면 명상, 일시 중단과 휴식, 독서, 가벼운 신체 운동 등이 도움이 된다.

당신의 신체적, 감정적, 사회적 상태를 확인하고 그에 맞춰 전략을 설정하라. 어느 활동이 자신에게 더 적합하거나 더 적합하지 않은지도 고려해야 한다.

또 다른 유용한 방법들

앞서 소개한 전략들에 더해 압박을 낮추고 에너지를 재충전하여 보다 효율적으로 까다로운 대화를 처리하도록 해주는 방법을 알아보자.

우선, 의사결정 휴식기를 가지는 것이다. 이런저런 업무에서 여러 의사결정을 내려야 할 때 정보 수집과 최종 결정 사이에 약간의 틈을 만들어라. 5분일 수도, 한 시간일 수도, 하루나 이틀일 수도 있다. 얼마만큼의 시간인지는 중요하지 않다. 의사결정을 할 때마다 생각할 시간이 필요하다는 인식, 그것이 중요하다.

자신에게 중요한 것이 무엇인지 생각을 정리하는 것도 도움이 된다. 가치가 분명하면 결정하기도 쉽다. 결정 후 과업을 수행하는 동기부여에도 가치는 중요한 역할을 한다.

또 잠시 숨을 돌리고 생각을 정리할 수 있는 직장 내 공간 혹은 만나서 편하게 대화할 수 있는 직장 동료를 확보해두는 것도 좋다.

당신이 실적 곡선의 어디에 위치해 있는지 분명히 인식하고 그에 따라 행동을 맞춰나가야 한다. 위치 확인과 그에 따른 대처를 자주 할수록 까다로운 상황을 잘 처리할 수 있다.

- 균형을 맞춰야 한다. 최고조 실적은 때로는 스트레스 수준을 높임으로써, 때로는 낮춤으로써 얻어진다. 양쪽 모두를 위한 전략을 갖추어라.

37

인생을 바꾸는 변화는 몇 초의 용기로 찾아온다

우리는 잠시 멈춰 스스로 이뤄낸 일을 기념할 여유도 없이 한 일이 끝나면 다른 일로, 한 가지의 변화가 지나가면 다음 변화로 돌진하곤 한다. 하지만 직장 일이든 가정 일이든 이정표는 필요하다. 뭐 거창한 파티를 해야 한다는 말은 아니다. 그저 잠시 물러앉아 자신이 지나온 과정과 이뤄낸 일을 바라보는 것으로도 충분하다. 프로젝트를 함께 해낸 팀원들을 불러모아 감사 인사를 전하는 것도 생각보다 훨씬 강력한 효과를 발휘한다.

당신은 스스로의 든든한 친구다

귀중한 삶의 시간을 누구와 함께 나눌 것인지는 우리가 선택할 수 있다. 우리 주변의 사람들은 크게 불길을 꺼뜨리는 부류와 불길을 일으키는 부류로 나뉜다. 전자는 성공 가능성에 냉소적이라 당신 안의 불이 꺼지게 만드는 반면 후자는 영감의 불을 지펴준다. 전자는 당신의 에너지를 소진시키지만 후자는 에너지를 재충전시키고 가능성이 빛나게 한다. 전자의 사람들과 함께 어울려 지내기에 우리 인생은 너무도 짧다.

신체적 운동이 신체를 강건하게 하듯 꾸준한 정신 훈련은 창의력과 영감을 발달시킨다. 다음과 같은 방법으로 두뇌를 단련시킬 수 있다.

- 책과 기사를 꾸준히 읽는다.
- 텔레비전을 끄고 불길을 일으키는 사람과 도전적인 대화를 나눈다.
- 혁신적 사고를 하는 인물과 관계를 맺는다.

어디서 누구와 함께 일하는가에 따라 극히 평범한 사람이 대단히 비범한 일을 해내곤 한다. 호기심과 영감의 차원에서 접근한다면 까다로운 대화, 까다로운 상황을 새로운 시각으로 바라보게 될 것이다.

용기의 기술 개발하기

직장 생활을 하다 보면 업무의 어느 측면 때문에 좌절하는 일이 생기곤 한다. 하지만 그 순간에 멈춰버린 채 싫어하는 일을 억지로 하며 매일을 보내는 사람과 그 경험을 유익하게 활용하는 사람 사이에는 엄청난 차이가 생겨난다. 멈춰버리는 것과 활용하여 나아가는 것을 가르는 기준은 바로 용기다.

용기는 정지 상태에서 활동 상태로 옮겨가게 하는 촉매제이다. 순수하게 경제적인 측면에서 본다면 용기 있는 의사결정 없이 경쟁에서 살아남는 산업, 기업, 조직은 거의 없다. 하지만 대부분의 리더들은 선뜻 용기를 발휘하지 못한다. 의심, 불안, 걱정 등은 행동 계획을 점검하는 귀중한 계기가 되지만 행동하지 않는 이유가 되어서는 안 된다.

직장에서의 용기는 긴급 상황에 대한 반응이 아니다. 미리 계획되어 맞는 때에 논리적으로 발휘되어야 한다. 용기 있고 치밀한 행동이 필요한 영역은 어디일까?

- 어려운 행동 처리하기
- 갈등 해결하기
- 실수를 인정하기
- 관리자에게 나름의 시각 밝히기
- 의사결정 내리기
- 나쁜 실적 처리하기
- 필요한 경우 상대가 나를 대했을 때보다 더 좋게 상대를 대우하기

계획된 용기를 시간 낭비로 혹은 과도한 노력이 투입되는 과정으로 넘겨버리기 전에 기억하라. 인생을 바꾸는 변화는 몇 초의 용기로 찾아온다는 점을.

잘하는 일을 하고 다른 일은 남에게 맡겨라

위대한 리더의 특성을 밝히기 위해 전 세계에서 인간의 특성과 행동을 조사한 갤럽 사는 딱 한 가지 공통 요소를 뽑아낼 수 있었다. 바로 성공적인 리더는 자기가 잘하는 일을 한다는 것이었다. 뛰어나게 잘할 수 있는 일을 맡고 나머지는 남에게 맡긴다는 것이다.

당연한 이야기라 들리는가? 하지만 자세히 살펴보면 반드시 그렇지만은 않다. 자기가 잘하지 못하는 일을 솔직하게 인정하고 남에게 맡기는 편이 훨씬 좋다고 판단되는 영역을 공개하려면 대단한 용기가 필요하다. 리더는 모든 것에 능해야 한다고들 생각하기 때문이다. 겸손하고 진정성 있는 리더만이 그 오해를 과감히 드러내고 이를 극복하기 위한 전략을 수립할 수 있다.

더 좋은 리더가 되려면 당신이 잘하는 일을 하라. 어느 부분에서 당신이 뛰어난지 분명히 인식하고 그 일을 더 자주 할 수 있는 방법을 찾아라. 그렇다고 잘하지 못하는 일을 하지 말라는 뜻은 아니다. 잘하지 못하는 일보다는 잘하는 일을 더 많이 할 수 있도록 방향을 잡도록 하라.

좋은 습관을 들이는 것도 중요하다. 오늘의 습관은 내일의 성취가 된다. 오늘 한 의사결정이나 행동이 미래를 결정짓는다. 예를 들어 마라톤 완주 목표를 세웠다면 꾸준히 달리는 습관이 필요하다. 무엇이든 반복적으로 꾸준히 하다 보면 성과를 보게 된다.

미래를 결정하게 될 오늘 당신의 습관은 무엇인가? 미래에 닥쳐올 까다로운 상황을 잘 처리할 수 있도록 자신을 단련하고 있는가? 이 책에서 언급된 전략을 연습하고 있는가? 살짝 게을러졌다 해도 포기하지 말고 마음을 다잡아라. 한 주라는 시간을 허비했다면 다음 한 주를 더욱 의미 있게 활용하겠다고 생각하라. 다음 사항을 기억하며 좋은 습관을 강화하라.

- '왜'를 중심으로 목표를 선택하기
- 방법을 명확히 하기(어떻게 할 것인가?)
- 실천에 옮기기(오늘 무엇을 할 것인가?)

이 세 가지를 연습하다 보면 내일의 성공으로 이어지는 습관이 만들어질 것이다.

Note

- 용기의 기술을 개발하라.
- 내일의 성공을 위해 좋은 습관을 들여라.
- 당신이 뛰어나게 잘할 수 있는 일을 맡고 나머지는 남에게 맡겨라.
- 해야만 하는 일들에 압도당하지 말고 가장 먼저 무엇을 할지 결정하라. 그다음에는 또 무엇을 할 것인가?
- 가장 강력한 근육인 두뇌를 단련하라.
- 불길을 일으키는 사람들을 주변에 두고 불길을 꺼뜨리는 사람들과 보내는 시간은 줄여라.

advice 불편한 상황을 바라보는 심리학&행동과학적 관점

영감과 용기는 멋진 친구들이지만 이를 제대로 작동하게 만드는 과정이 갖춰지지 않으면 곧 사라지고 만다. 우리의 제안을 바탕으로 실천하고 발전하려면 목적의식과 치밀한 단계별 행동이 필요하다는 점을 명심하라.

우선순위에 따라 주의를 집중하고 나아가다 보면 언제 밀어붙여야 하고 언제 휴식해야 할지 구분할 능력이 생길 것이다.

행동과학자의 시각

나는 운이 좋게도 내 잠재성을 억누를 뿐 아니라 존재 자체까지 위협했던 파괴적 행동 습관에서 벗어날 수 있었다. 후회스러운 일은 많고 많지만 나는 그 일들을 지니고 살아가는 법을 배웠고 이제는 과거의 실수를 받아들이는 능력이 현재의 성공을 이끌었다고 믿고 있다.

그 밖에도 나는 자신의 약점을 인정해야 했고 스스로 생각하는 한계에 자꾸 도전해야 했다. 결코 쉽지 않은 일이었다. 그러나 우리가 요구하는 리더는 현실을 인정하고 최선의 다음 방안을 마련하는 인물이다. 5개년 계획은 필요 없다.

심리학자의 시각

인간은 고난과 불확실성을 이겨내는 놀라운 능력을 지녔다. 예를 들어 참전군인들 중 외상 후 스트레스 장애를 호소하는 비율은 20%라고 한다. 예상보다 훨씬 낮은 비율이다. 나머지 80%의 군인들이라고 끔찍한 경험을 덜 한 것은 아니다. 다만 그들에겐 그 경험을 처리하는 능력이 내면 어딘가에 있었을 것이다.

전쟁터와도 비교할 수 있는 직장에서의 회복력, 그리고 우선순위에 따른 행동 능력은 정말로 중요하다. 삶의 압박 요인들을 이겨내게끔 하는 요소들에 초점을 맞춰야 한다. 향후 몇 년 동안 스트레스를 받지 않으면서 까다로운 대화를 해낼 수 있는가의 여부는 여기에 달려 있다.

컨설턴트의 시각

훌륭한 의사결정을 가로막는 최대의 장애물은 다른 사람들이 어떻게 생각할까 의식하는 일이다. 나약하게 보일지 모른다는 걱정 때문에 틀린 것을 알면서도 고통의 길을 택하는 경우가 너무도 많다. 우리는 신체적 욕구보다 자아의 요구, 즉 멋지게 보이고 싶다는 욕망을 우선시하는 데 익숙한 것이다.

자아와 신체의 요구를 모두 만족시키려면 마음 자세의 전환이 필요하다. 자신은 약점과 결함 많은 인간일 뿐이지만 그럼에도 몸과 마음, 영혼의 균형을 되찾기 위해 필요한 일을 할 준비가 된 존재임을 인정하라. 멘토, 의지할 수 있는 친구, 심리치료사 등에게 도움을 요청해 자신을 더 잘 돌볼 방법을 배워라.

새로운 접근, 새로운 결과

남들이 더 많이 꿈꾸고, 더 많이 배우고, 더 많이 행동하여 이루도록 북돋고 있다면 당신은 리더이다.

– 존 퀸시 애덤스John Quincy Adams

까다로운 대화를 조금 더 쉽게 만들고자 하는 우리의 제안을 지금까지 꼼꼼히 읽어준 것에 대해 진심으로 감사를 표하고 싶다. 이 책에 소개된 개념들을 연습하다 보면 까다로운 대화에서 더 좋은 결과를 얻어낼 것이리라 확신한다.

까다로운 대화를 회피했다가는 상황을 개선시키기는커녕 걷잡을 수 없이 악화시키기 십상이다. 그럼에도 불구하고 까다로운 대화를 회피하는 것은 결국 남을 화나게 할까 봐 걱정스럽고 또 그런 반응에 스스로 당황하고 싶지 않다는 마음 때문이다. 하지만 그렇게 회피함으로써 우리는 서로를 더 잘 이해하고 서로에게 연결될 기회를 잃어버리고 만다.

까다로운 대화를 더 잘해낼 수 있으려면 한 단계 더 도약해야 한다. 말해지지 않은 것을 알아차리고 대화를 발전적으로 이끌어야 한다. 이 과정에서 중요한 것은 성과나 결과가 아님을 기억하라. 중요한 것은 당신 바로 앞에 있는 사람이다.

엄마 말은 역시 옳다

당신 삶에서 가장 오래, 가장 강력한 버팀목이 되어준 말은 무엇인가? "넌 특별하단다" 혹은 "넌 세상에서 제일 훌륭한 아이야"와 같은 엄마의 한마디가 아니었을까. 엄마의 말을 듣고 당신은 저절로 어깨가 으쓱해졌을 것이다.

엄마의 말은 그야말로 지혜로운 한마디이다. 미래학자, 예언자, 교수의 연구가 다 녹아들어간 한마디이기도 하다. 무한 선택이 가능해진 오늘날, 군중 사이에서 틈새를 찾고 두드러져 보여야 성공은 가능해진다. 직장에서 까다로운 상황을 처리하면서도 우리는 바로 그런 사고방식을 지녀야 한다. 당신이 이끄는 사람들이 드러내는 차이점들을 장애가 아닌 선물로 바라보아야 한다. 특별하고 뛰어난 성공은 바로 그 차이점에서 나오니 말이다.

우리는 평범한 것, 남들과 비슷한 모습을 선호하면서 튀는 존재, 두드러지는 행동을 거부해버린다. 다른 직원, 다른 팀, 다른 부서, 다른 회사와 비슷하게 일하라고 직원들을 독려한다. 이런 생각은 리더십에도 영향을 미쳐 모든 사람을 똑같이 대우하게끔 한다. 사람마다 지니고 있는 아름다움과 특징이 서로 다른데도 말이다. 결국 우리는 똑같이 생각하고 행동하고 움직이게 된다. 안전할지는 몰라도 결과 또한 평균에 그칠 수밖에 없는 선택을 하는 것이다.

평균치에 맞추라는 압박은 직원뿐 아니라 부서에도 가해진다. 하지만 대규모 조직에서 성공적인 부서는 남들과 비슷한 부서가 아니다. 강한 개성을 충분히 존중하는 분위기에서 성공적인 부서가 나온다.

생각해보라. "모 기업의 어떤 부서는 정말 유명해. 남들과 똑같이 하거든"이라는 말을 들어본 적이 있는가? 없을 것이다. 대신 "어떤 부서는 정말 대단해. 일하는 방식이 얼마나 다른지 몰라"라는 말은 들어봤을 것이다.

막대한 영향력을 행사하는 작가나 블로거들은 엄마가 늘 하던 말과 어울린다. 특별한 개성이 가장 중요한 시대가 되었다. 오늘날에는 이전 그 어느 때보다도 스페셜리스트가 가치 있게 받아들여진다.

직장에서 까다로운 대화를 처리할 때에도 모든 사람이 지닌 고유한 개성을 인식해야 한다. 그리고 앞에 앉은 사람이 남들과 똑같이 대우받는 존재가 아닌, 특별한 대접을 받아야 하는 특별한 존재임을 기억하라.

당신은 어떤 상사 혹은 동료인가?

예나 지금이나 행복은 모두가 추구하는 목표이다. 하지만 직장에서 월급을 많이 받는다고 해서 행복해지지는 않는다. 행복해지기 위해서는 영감이, 유의미한 활동에 대한 참여가, 인간으로서 제대로 대접받는다는 인식이 필요하다.

모험가이자 강연 전문가인 댄 뷰트너는 저서 《그곳에 행복이 있었다Thrive》에서 장기적 행복의 요소들을 탐구하고 있다. 일과 행복을 연결시키는 비밀을 알게 된 사람들은 그저 생존하는 차원을 넘어서 미래에 더 큰 발전을 이룬다고 한다.

갤럽 조사에 따르면 직장 생활 만족도를 좌우하는 가장 큰 변수가 제대로 된 상사를 만났는가의 여부라고 한다. 자, 당신은 어떤 상사인가? 조직이 살아남는 데, 혹은 번성하는 데 어떻게 기여하고 있는가?

그런데 뷰트너의 설명에 놀라운 점이 있다. 제대로 된 상사는 업무를 잘 처리한다든지, 전략을 잘 수립한다든지, 예산을 잘 운용한다든지 하는 사람이 아니라는 것이다. 핵심은 대인관계 능력이었다. 부하직원들이 친밀하게 다가갈 수 있게 해주는 친밀감, 규칙적인 피드백, 명확한 지시, 귀 기울여 듣기, 신뢰감 등이 중요하다. 동료들 간의 관계에서도, 고객과의 장기적 관계에서도 똑같을 것이다. 귀 기울여 듣고 신뢰를 쌓으며 편안히 대할 수 있는 존재가 된다면 고객은 다시 찾아오기 마련이다. 그리고 고객의 사랑을 받는 비즈니스는 번성하지 않을 수 없다.

그러니 오늘 직장에 들어서면서 다음과 같은 세 가지 결심을 하라. 여기서 상대는 부하직원일 수도, 동료일 수도, 고객일 수도 있다.

- 상대의 하루를 더 멋지게 만들겠다는 결심을 하라. 남들의 혜안과 노력, 그리고 기쁨을 주의 깊게 살펴라. 칭찬하고 알아주는

것만큼 용기를 북돋는 것은 없다.

- 상대에게 온전한 관심을 쏟겠다고 마음먹어라. 앞에 다른 사람이 있을 때에는 전화기, 컴퓨터 등 방해요소를 치우고 온전히 그 사람과 이야기를 나누도록 하라.
- 필요할 때 물러서겠다고 결심하라. 일단 목표를 분명히 전달했다면 나머지는 직원들이 알아서 하도록 맡기고 물러서라. 고객을 응대하고 있다면 당신 자신의 목적은 잠시 내려놓고 고객 입장에서 귀를 기울여라.

상대에게서 보고 싶은 행동을 모범적으로 먼저 보여주는 것은 리더인 당신이 까다로운 상황을 헤쳐가는 데 중요한 발판이 된다. 부서는 리더의 모습을 그대로 닮는다. 까다로운 상황에서는 더더욱 그렇다. 직원들에게 기대하는 변화를 스스로 먼저 이루어낼 용기를 가져라. 직원들이 당당히 나서서 의견을 제시하도록 하고 싶다면 당신부터 그런 모습을 보여야 한다.

당신의 말보다는 행동이 영향력이 훨씬 더 크다. 당신의 말과 행동이 일치한다면 직원들도 따라할 것이다. 모순된 메시지를 보내면 안 된다. 예를 들어 시한에 맞춰 보고서를 제출하라고 요구하면서 필요한 정보를 늦게 보내지 말라. 말과 행동이 일관되어 있는지 지속적으로 확인하라.

까다로운 대화 상황이 오면 우선 자신의 모습부터 반추하면서 직원들에게 요구하는 변화를 스스로 보여주었는지 생각해보라.

확신을 보여줘라

수년의 경험을 거쳐 이제 우리는 직장에서 유일하게 불변하는 구성요소가 바로 변화임을 깨닫게 되었다. 규모 축소, 규모 확대, 구조조정, 아웃소싱, 멀티태스킹, 전문화, 인수합병 등을 골고루 경험해 온 것이다. 그럼에도 현재의 변화는 기념비적이다. 금융, 기업, 가계 모두에서 불확실성의 수준이 대폭 높아졌다. 모두가 불확실성에 대해 걱정하는 말을 한다.

상시적인 불확실성과 급속한 변화라는 새로운 상황에서 어떻게 방향을 잡으면 좋을까? 불확실한 시대는 확신을 높이 평가한다. 시장이 불확실할 때 사람들은 확신을 사고판다. 그러니 지금은 하는 일에서 능력을 발휘할 뿐 아니라 확신을 보여주어야 할 시점이다. 당신이 하는 일의 각 부분을 그 확신과 연결시켜라.

메시지와 전문성을 통해, 더 나아가 제품과 서비스의 품질을 통해 당신의 확신을 판매하라. 확신과 배려로 고객을 대하고 있는지 확인하라. 팀원들이나 동료들을 대할 때에는 '이 난국을 뚫고 나갈 거야'라는 메시지가 아니라 '이 난국을 통해 능력을 한껏 키우게 될 거야'라는 메시지를 전달하라. 이 격변의 시대에는 거래 하나하나, 프레젠테이션 하나하나, 고객과의 상호작용 하나하나가 확신을 전달할 수 있게끔 해야 한다. 이 확신이 당신의 행동을 넘어서 남들의 행동까지 확산되도록 하려면 긍정적 강화가 필요하다.

긍정적 강화는 일종의 두뇌 변화이다. 고맙다는 인사 한마디, 특정 행동에 대한 칭찬 한마디가 두뇌 속 신경 경로를 강화시킨다. 신경 경로란 나무뿌리처럼 퍼져나가는 신경 연결망인데 연결과 차단, 성장과 수축을 끊임없이 지속하고 있다. 칭찬이라는 긍정적 강화가 주어지면 우리 두뇌가 해당 연결망을 보존하고 더 두텁게 만든다고 한다. 어떤 신경 연결망이 성장하고 어떤 연결망이 시들어 사라지는지는 관심의 양과 유형이 결정한다.

'반복적으로 하는 행동이 곧 자신이다'라는 말을 들어보았는가? 이 말을 바꿔보면 '반복적으로 강화되고 칭찬받는 모습이 곧 자신이다'가 된다.

당신이 리더라면 자칫 까다롭고 골치 아픈 일에만 집중하기 쉽다. 부정적인 행동에만 주의를 기울이다가 결국 균형 잡힌 업무 팀 구성에 실패할 수도 있다.

뛰어난 능력을 보인 사람에게는 칭찬의 피드백이 필요하다. 참으로 멋진 사실이 있다. 바로 남에게 감사를 표하면서 격려해주다 보면 그 과정에서 저절로 자기 자신을 긍정적으로 강화하는 효과가 생겨난다는 점이다.

당신의 시선이 반갑고 고마운 일보다 까다롭고 골치 아픈 일에 훨씬 더 편향되어 있다면 한 주 동안 매일, 혹은 한 달 동안 매주 두 번씩 직원들을 칭찬하고 강화하겠다는 목표를 세워보라. 칭찬의 시점과 정도를 다양하게 하고 예측 불가능하게 만들어야 한다는 점을 꼭 기억하라. 그리고 그 칭찬이 직원들의 생산성을 어떻게 바꿔놓는지 즐겁게 살펴보라.

이 책의 서두에서 우리는 모든 사람이 선하고 멋진 존재라고 밝힌 바 있다. 이 책을 덮으면서도 이 점을 명심했으면 한다. 우리는 하나하나 모두 대단한 존재이다.

새로운 접근을 통해 얻게 될 새로운 결과를 충분히 즐기길 바란다.

양복 입은 뱀과 대화하는 법

초판 1쇄 발행 2015년 1월 9일

지은이 대런 힐, 앨리슨 힐, 션 리처드슨
옮긴이 이상원
펴낸이 박선경

기획/편집 • 권혜원, 이지혜
마케팅 • 박언경
표지 디자인 • [★]규
본문 디자인 • 김남정
제작 • 디자인원(031-941-0991)

펴낸곳 • 도서출판 갈매나무
출판등록 • 2006년 7월 27일 제395-2006-000092호
주소 • 경기도 고양시 덕양구 화정로 65 2115호
전화 • (031)967-5596
팩스 • (031)967-5597
블로그 • blog.naver.com/kevinmanse
이메일 • kevinmanse@naver.com

ISBN 978-89-93635-54-6/03320
값 13,000원

• 잘못된 책은 구입하신 서점에서 바꾸어드립니다.
• 본서의 반품 기한은 2020년 1월 31일까지입니다.

이 도서의 국립중앙도서관 출판예정도서목록(CIP)은 서지정보유통지원시스템 홈페이지(http://seoji.nl.go.kr)와 국가자료공동목록시스템(http://www.nl.go.kr/kolisnet)에서 이용하실 수 있습니다.(CIP제어번호: CIP2014037205)